Christopher S. Hagen

Geheimauftrag

*Als bestes Abenteuerbuch
ausgezeichnet mit dem
Friedrich-Gerstäcker-Preis*

Die abenteuerliche Geschichte
eines getarnten US-Kommandounternehmens
im Schatten des Indianer-Winters 1875/1876

Herder Freiburg . Basel . Wien

Christopher S. Hagen

Geheimauftrag

Dieses Buch ist in Anerkennung

Herrn Dr. C. L. Laue

vom Kultusministerium des Saarlandes gewidmet, der dem sogenannten ‚authentischen Western‘ eine große Zukunft voraussagte, als niemand daran glaubte.

FÜNFTE AUFLAGE

Das Einbandbild zeigt von links nach rechts:
Zed Daniels, Leslie T. Brisbin (Rückseite),
James H. Miller, Nathaniel McNash (Vorderseite),
1875 in Bozeman.

Schutzumschlag nach einem Motiv von F. Remington, Einband und Illustrationen nach zeitgenössischen Originalfotos, zur Verfügung gestellt durch die Deutsche Westerner Gesellschaft e. V.

Herder Druck Freiburg im Breisgau 1972
ISBN 3-451-14856-0

„... *Alles Landgebiet nördlich des North Platte Rivers und östlich der Ausläufer der Big Horn Mountains wird als unantastbares Indianer-Territorium betrachtet. Keine Person darf sich hier ohne ausdrückliche Genehmigung und vorherige Erlaubnis der Indianer niederlassen oder Land in Besitz nehmen, noch dieses Landgebiet betreten und durchqueren.*"

Aus dem Friedensvertrag der US-Regierung mit den Sioux-Stämmen, geschlossen im Jahre 1868, ratifiziert und proklamiert im Jahre 1869.

Inhalt

Vorwort 9

I. Kapitel: Diplomatie trägt auch einen Säbel 19
Major Pease gründet ein Pelzgeschäft — Der Scout Muggins Taylor und der Bozeman Trail — Dampfschiffe brauchen Wasser — 30 Rauhnacken und die Zukunft in der Patrone

II. Kapitel: Handelsfort Pease ist eine Idylle 34
Der Russe im Grizzlyfell — Ein Cowboy lebt nicht ohne Sporen — Die Brüder McCormack haben Stricknadeln — 14 Gewehre für 30 Männer sind nicht viel — Durch Schießscharten fließt die Kälte

III. Kapitel: Der Mannschaftskoch aus Frankreich 52
Ein Navy-Colt regelt viele Fragen — Napoleon trägt die Sklaverei unter dem Hemd — Wölfe sind bessere Strategen — Palisadenträume — Einem Koch wachsen die Krallen

IV. Kapitel: Ein Siouxkrieger macht einen Freundschaftsbesuch 63
Die Wache: Beginn einer Ewigkeit — Die Nacht im Indianergebiet lebt — Ich habe einen Mann erschossen! — Reverend Anderson ersticht einen Grizzly — Warum martern Indianer ihre Freunde? — Der nächtliche Schuß — Ein ausgestopfter Vielfraß und entführte Pferde

V. Kapitel: Das Ultimatum 75
Frenchy hat einen roten Freund erschossen — Die Sioux: Liefert den Mörder aus! — Muggins Taylor und der Revolvermann — Das Duell und der erste Tote — Ich verzeihe deiner Mutter nie, daß sie dich geboren hat

VI. Kapitel: Die Auslieferung 85
Sioux umzingeln das Fort — Pökelfleisch und Hartbrot — Dave Poker der Spieler: Faule Karten gibt man ab — Jack Cowles der Cowboy: eher sterben als ausliefern — Frenchy: Laßt mich gehen! — Zwei Parteien wetzen die Hörner — Nur der Prediger bleibt verschont — Katzenfische und Berg Zion Nr. 36

VII. Kapitel: Die Cholera im Fort 97
Lange Tage und weiße Madenwürmer — Es beginnt mit Durchfall wie Reiswasser — Blaue Fingernägel und Runzelhände — Frischfleisch und das Leben — Der Cowboy und sein Himmel — Der sibirische Jäger: ein schönes Leben mit und ohne Geld — Fünf Skalps und der abnehmende Mond

VIII. Kapitel: Frisches Fleisch und Kugeln aus Blei . . . 109
Die ersten Choleratoten — Gebete und Erinnerungen an Gold — Ive hat 8 Kugeln im Leib — Gebt mir meinen Revolver — Der Tennesseer hat roten Stuhl — Les Brisbin ermordet einen Gefangenen — Die Cholera und der Psalm von der Auferstehung

IX. Kapitel: Verpaßtes Heldentum 126
Ein Loch im Flußeis und Pulverwölkchen — Die Kugel steckt im Knochen — Pete Savage zeigt keine Reaktion mehr — Der Traum vom Heldenlorbeer und Reichtum — John Xaver Beidler und das Vigilanzkomitee — Ich bin Spieler, also spiele ich

X. Kapitel: Ein gescheiterter Versuch 141
Pferdefleisch im letzten Augenblick unerreichbar — John McCormack hat weiße Haare bekommen — Taylors Meisterschuß — Und eine Büffelherde nur 4 Meilen entfernt — Frenchy will Fleisch besorgen — Cholera und neue Gräber — Karl Snyder hat einen Plan

XI. Kapitel: Noch ein Versuch und der Tod auf dem Eis . . 158
Der Negertrapper Nap Mattis geht nach Norden — Sechs Männer suchen in der Nacht nach lebendem Fleisch — Frenchy hat Angst — Schußblitze und Schreie — Palisaden und ein Indianerfeuer — Fleisch! Zwei Keulen! — Ich muß dich töten,

Kleiner Wolf! — Nicht skalpieren, bitte! — Richtiges Fleisch und Banjoklänge

XII. Kapitel: Die Ruhe vor dem Sturm ist ein Traum . . . 177
Fieber, Lungenentzündung, Erstickungsanfälle und Schüsse — Reihenfeuer aus 14 Springfields — Das Pumafell des Negertrappers — Das Pokerspiel um die Auferstehung — Beratungsfeuer — Waffen sind die Zähne des Mannes — Brot für 10 Tage — Grabhügel und kein Wasser mehr — Der General als Patenonkel

XIII. Kapitel: Der Angriff 199
Die Galerie des Amphitheaters ist ausverkauft — Wir schießen nicht auf Frauen und Kinder — Tausend Sioux und ein Teppich aus Skalps — Mündungsflammen, Pulverrauch und tote Pferde — Der Schnee ist ein Leichentuch — Die Rettung bringt ein Gentleman

XIV. Kapitel: Der Winter deckt die Gräber zu 211
Noch 15 Männer leben — Die Blockade im Schnee — Gekochter Leinensack und Zeitungen als Hauptmahlzeit — Der Tod ist zärtlich wie eine Mutter — Indianern geht die Nahrung aus — Ein Schutzschild für Kadaverholer — Fleisch und erfrorene Füße — Die 2. Kavallerie und ein Bericht für General Terry

Epilog 223
Das sinnlose Sterben — Geheim ist, was niemand wissen soll — Das Custer-Massaker

Bibliographie 232
Literatur — Dokumente — Zeitungen

Vorwort

„Das amerikanische Volk hat sich an die Lehre gewöhnt, daß die Indianer eine niedere Rasse mit brutalen Charaktereigenschaften von Wilden sind, die nach dem Willen Gottes mit der Ausbreitung der technischen Zivilisation auszusterben hat. Das wird sich erst ändern, wenn es keine Indianer mehr gibt.“

H. B. Whipple, Bischof von Minnesota,
in New York am 11. Nov. 1880

Der Unabhängigkeitskampf der amerikanischen Kolonisten gegen das britische Mutterland war noch ein Freiheitskampf gewesen, der seinen Ausdruck 1776 in der Verkündigung der Menschenrechte fand. Aber schon eine Generation später fanden diese Menschenrechte ihre Einschränkung in der Art und Weise, wie man das „Indianerproblem“ behandelte und zu lösen versuchte.

Zunächst schien es gar kein Problem zu sein, weil alle Welt Verständnis dafür zeigte, daß die auf einer geradezu steinzeitlichen Entwicklungsstufe stehenden Indianer durch die hochzivilisierten Weißen zwangsläufig verdrängt werden mußten. Da alle von der Regierung beauftragten Expeditionen aus dem Fernen Westen mit der Nachricht zurückkehrten, daß es jenseits der Mississippi-Missouri-Linie nichts anderes als eine menschenfeindliche Wüste von unermeßlicher Ausdehnung gebe, die „niemals für irgendeine auch wie immer geartete ökonomische Nutzung in Betracht käme“, stand das Indianerproblem zunächst nicht unter dem Zeichen der Ausrottung, sondern dem der Umsiedlung aller Appalachen-Bergstämme und der Waldstämme des Ohio-Talbeckens in eben jene Große Amerikanische Wüste, wo man sie getrost sich selbst überlassen konnte, ohne daß der weitere Fortschritt der USA behindert worden wäre.

Die nach dem gewonnenen Unabhängigkeitskrieg durch James Fenimore Cooper, viele andere Schriftsteller und alle Zeitungen der Atlantikstaaten verbreiteten Geschichten und Tatsachenberichte über die Lebensgewohnheiten der Indianer und ihre Kriegführung, über Gefangenenmißhandlung und grausame Sitten aller Art trugen dazu bei, in *allen* Indianerstämmen übereinstimmend jenes Bild vom vorzeitlichen brutalen Wilden zu sehen, der als Teilnehmer an der Zivilisation nicht in Frage kam, sondern der Wildnis gehörte.

Die Umsiedlung der Iroquesennationen, der Huronen, Delawaren, Mohawks und vieler anderer Stämme des Nordostens in die amerikanische Wüste bedurfte deshalb auch vor den geschärften Regungen des nationalen Gewissens keinerlei Rechtfertigung.

Ganz anders sah die Lage allerdings im Südosten aus: Die hier in den Appalachengebieten ansässigen großen fünf Nationen der Cherokees, Choctaws, Chickasaws, Creeks und Seminolen waren ganz und gar keine Wilden, sondern seßhafte, landwirtschaftlich hervorragend durchorganisierte Völker, die in kultivierten Städten wohnten, eine nach amerikanischem Vorbild konstruierte Präsidialdemokratie mit geschriebener Verfassung und ein Zweikammer-Legislativsystem besaßen, eigene Zeitungen herausbrachten, voll christianisierte Schulen und Akademien und auch eine blühende Industrie hatten. Man kann sogar ohne Übertreibung behaupten, daß die Verfassung dieser 5 Nationen in vielem moderner und fortschrittlicher war als die der USA und die Kulturtradition älter und verfeinerter als jene rohe Squatterkultur der amerikanischen Pioniere.

Das Bild des primitiven Wilden paßte also auf jene Nationen ganz und gar nicht, im Gegenteil. Theoretisch bestanden alle Voraussetzungen für eine politische Integration eines Indianerstaates innerhalb des föderativen amerikanischen Staatenbundes: Die Politiker der Indianer hatten mit den USA bindende Verträge abgeschlossen, ihre Rechtsanwälte besaßen die Zulassung zu allen amerikanischen Gerichten, innenpolitisch entsprach die staatliche und ökonomische Struktur jener der anderen Bundesstaaten, die Gesetzgebung war nahezu die gleiche wie die der Bundesstaaten. Der einzige Unterschied zwischen den Amerikanern und diesen 5 zivilisierten Nationen bestand darin, daß bei den Indianern die Politiker begabter, die Juristen redlicher, die Wirtschaftler rationeller und erfolgreicher, das Bildungssystem fortschrittlicher, der Strafvollzug moderner, die Bevölkerung christlicher und bescheidener war. Und darin, daß immerhin die Indianer angestammte Eigentümer Amerikas, die Weißen Eindringlinge waren.

Die Austreibung jener Indianerzivilisationen aus den angestammten und von den USA völkerrechtlich garantierten Landgebieten — nach einer endlosen Serie von Petitionen, Prozessen und Verfahren der Indianer — leitete jenes „Jahrhundert der Schande Amerikas" ein, in dessen Verlauf die grenzenlose Habgier und das Raubrittertum des Dollars nicht nur alle Fesseln humanen Anstandes sprengten, sondern auch jene vorbildlich in der amerikanischen Verfassung verankerten „Menschenrechte" zum bloßen Lippenbekenntnis jener Generationen Amerikaner degradierten, für die praktisch nur ein Gebot existierte: das Recht des Stärkeren.

Als 1848 feststand, daß im Fernen Westen ungeheure Bodenschätze in den Rocky Mountains lagerten, als 1865 klar wurde, daß der Steppengürtel der Großen Amerikanischen Wüste ideales Weideland für Millionen Rinder und die zukünftige Kornkammer Amerikas war, da wurde angesichts der mit unheimlicher Gewalt losbrechenden, monströsen Habgier der Weißen offensichtlich, daß es kein Quentchen Land zwischen den Ozeanen gab, das man ohne Verzicht auf realisierbaren Reichtum den Indianern zwischen Missouri und Pazifik hätte belassen können.

Die Phase der Ausrottung jener Indianerstämme der Pazifikküste, der Rocky Mountains, der Wüsten und Steppenregionen, die der hemmungslosen Ausbeutung der Natur im Wege standen, vollzog sich folgerichtig nacheinander in den Brandungswogen von Besiedlungswellen, die eine Wildnis-Region nach der anderen verschlangen. Vollstreckt wurde das Todesurteil der planlosen Vernichtung durch die US-Armee, welche am Profit des Ausbeutungsrausches nicht teilnahm und die deshalb diesen finanziellen Mangel durch irrationale Werte — wie Heldentum, Nationalstolz und Soldatenehre — zu ersetzen suchte.

Ihre Strategie war so primitiv und naiv wie der Gegner: Wurden die ersten Gischtspritzer der ins Indianergebiet vorrückenden weißen Besiedlungsbrandung von überlegenen Indianern massakriert, so sammelte sich die US-Armee zur Strafexpedition, schlug vernichtend zu und diktierte im anschließenden Friedensvertrag den Indianern Bedingungen, die die vorangegangenen unrechtmäßigen Landergreifungen nachträglich rechtfertigten. Dieses düstere Spiel: Vordringen der Weißen, Massaker, Strafexpedition, Friedensvertrag, wiederholte sich so oft, bis ein Indianerstamm entweder bis zur Bedeutungslosigkeit dezimiert und auf kleinstem Raum zusammengedrängt war, oder bis die Überlebenden bereit waren, sich in die Ghettos der Reservationen zu begeben, wo ihrer der Hungertod wartete.

Auf diese Weise verschwanden bis 1856 die kalifornischen und die Küstenstämme von Washington und Oregon von der Landkarte, gingen bis 1858 die Bergstämme der Palouse, Cœur D'Alenes und Spokanes, bis 1862 die Shoshonen und Pajutes in den Rocky Mountains unter, wurden die Navajos bis 1864 in Nevada „befriedet", 1868 die Utes in Colorado, 1873 die Modocs und Klamaths im Nordwesten und 1876 das große Reitervolk der Comanchen, Kiowas und Arapahoes aus dem Steppengürtel genommen.

Um 1875 waren die Indianer an der Westküste, im Felsengebirge, in den Wüstengebieten und in der südlichen Hälfte des Präriegürtels kein Problem mehr, die vereinzelt sich in den kümmerlichen Reservationen entzündenden Aufstände — z. B. der Apachen im Süden — nur noch engbegrenzte Lokalangelegenheiten von geringer Bedeutung.

Nur in der nördlichen Hälfte des Präriestreifens zwischen Missouri als nördlicher und östlicher Grenze, dem North Platte River als südlicher und den Big-Horn-Bergen als westlicher Grenze behaupteten sich als letzte die einzelnen Stämme der Sioux-Reiternation mit etwa 30000 Menschen, die wohlbewaffnet, kriegserfahren und ernsthafte Gegner der US-Armee genannt werden konnten.

Im Friedensvertrag von 1868 hatte die US-Regierung den Sioux das vorhin erwähnte Steppengebiet auf ‚ewige Zeiten' garantiert, Bezahlung für Landabtretungen aus vorangegangenen Kriegen zugesichert und großzügige Lebensmittel-Ersatzleistungen für 30 Millionen abgeschossene Büffel — Lebensgrundlage der Sioux — versprochen.

Die im Nordwesten, Westen und Südwesten durch Niederschlagung der anderen Stämme freigewordenen Armeeverbände hatten um 1875 dieses Siouxgebiet regelrecht eingekreist, und eine weit überlegene Kriegsmacht unter dem Oberkommando von Generalstabschef William Tecumseh Sherman wartete unter seinen Generälen Terry (Norden), Sheridan (Nordwesten), Miles (Westen), Crook (Südwesten) und Hancook (Süden) darauf, erfahrungsgemäß nun auch in einem letzten großen Indianerkrieg das Siouxproblem zu erledigen.

Doch Unerwartetes geschah: Als von den Rocky Mountains her vereinzelte Siedlerwellen ins Siouxgebiet eindrangen, blieb die gewohnte Reaktion der Indianer aus. Sie setzten sich nicht zur Wehr, massakrierten keine Weißen, sondern beschwerten sich bei Sherman, verlangten Erfüllung des Friedensvertrages und damit Vertreibung der Eindringlinge durch die US-Armee. Solch ungewohnte Taktik brachte den General in nicht geringe Verlegenheit. Er versprach Abhilfe, unternahm aber nicht nur nichts, sondern schickte Oberstleutnant Custer mit einer geheimen Expedition in die Black Hills, und Custer kehrte zurück und verkündete, daß die Schwarzen Berge unermeßliche Goldvorkommen enthielten. Als nun 1874 der unvermeidliche Run von Goldsuchern ins Siouxgebiet einsetzte, Städte wie Pilze aus den Bergtälern schossen und eine Siedlung nach der anderen entstand, brach nicht der erwartete Siouxaufstand los, sondern die Sioux schickten eine Häuptlingsabordnung nach Washington, wo die Indianer durch ihre ernsthaften Argumente und ihre ruhige Friedensbereitschaft, den feierlichen Appell an Vertragserfüllung durch die USA und durch ihre Bescheidenheit und ihren Stolz nicht nur die Regierung, sondern auch die gesamte Presse der

Brigadegeneral Georg Crook, genannt „Der Graue Fuchs“, im Jahr 1876

Atlantikstaaten tief beeindruckten und für sich gewannen. Die Presse begann die Armeeführung wegen ihrer Strategie der Provokation und Ausrottung zu geißeln, und die hohen Offiziere sahen sich unvermittelt zwischen zwei Fronten: Einerseits forderten die Westerners sie auf, das Indianerproblem radikal zu lösen und einfach zuzuschlagen. Andererseits bestanden Regierung und Presse darauf, den Indianer zu zivilisieren, zu erhalten, ihn in den Staat zu integrieren.

Insgeheim aber stand die Armee unter einem massiven weiteren Druck: Die Missouri-Mississippi-Dampschiff-fahrtsgesellschaft hatte bereits 1874 — im Vertrauen auf das Losschlagen der Armee gegen die Sioux — die sogenannte „Yellowstone Steamship Company" gegründet, Schiffe angeschafft, Aktien verkauft, Stadtpläne beiderseits des mitten im Siouxgebiet liegenden Yellowstonerivers eintragen lassen und Baukonzessionen vergeben. Dieser neuen Schiffahrtslinie drohte der finanzielle Ruin, wenn nicht sehr rasch alle diese Investitionen durch den letzten „heiligen Krieg" sanktioniert wurden. Mit dem Ruin der Yellowstone-Dampfschiffahrtsgesellschaft aber wurde auch die Missouri-Dampfschiffahrt bankrott, die den gesamten Nachschub für die US-Armee im Nordwesten beförderte.

Aber auch das war noch nicht alles: Die Northern-Pacific-Eisenbahn-Transkontinentallinie hatte 1874 die Stadt Bismarck am Missouri erreicht. Ungeheure Summen waren in diesen Bau von Regierung, Wallstreetbanken und Privatleuten investiert worden. Die Weiterführung der Eisenbahnstrecke stand längst fest. Sie verlief quer durch das Siouxgebiet. Die Regierung hatte der Bahngesellschaft 20 Meilen Landstreifen beiderseits des Schienenstrangs geschenkt, diese das ganze Land bereits in Parzellen an Heimstätter verkauft. Offiziell aber durfte in der Öffentlichkeit nicht die Rede davon sein, daß ein großer Teil des den Sioux feierlich garantierten Landes längst schon zwischen Bankkonzernen, Eisenbahngesellschaften, Dampfschiffahrt, Städtebaugenossenschaften, Siedlern und Industriemagnaten aufgeteilt war. Die Presse der Oststaaten hätte den Rücktritt der Regierung gefordert, die Regierung die Armee verantwortlich gemacht, und ein nationaler Finanzskandal ungeheuren Ausmaßes hätte die cleveren Bosse wie mit einem Sturmwind aus ihren Stühlen geweht.

Andererseits aber verschlang jeder Tag, den die Eisenbahn am Missouri, die Dampschiffahrt an der Nordgrenze, die Arbeiterheere der auf dem Sprung stehenden Unternehmer und die Siedler warten mußten, große Summen eines ungeheuren Kredits, der die gesamte amerikanische Wirtschaft bedrohte, wenn die Vorhaben nicht zügig weiterbetrieben werden konnten.

In dieser schlimmsten Lage seit ihrem Bestehen konnte aber die Armee nicht gegen die friedlichen Sioux losschlagen, ohne hierfür nicht wenigstens ein Motiv zu haben. Und als Motiv konnte nur gelten, daß es gegen die Brutalität der Indianer das Leben von Weißen und Soldaten zu beschützen galt. Als die Sioux selbst dann noch nicht über jene 5000 weißen Siedler herfielen, die ihre beim Landwirtschaftsministerium eingetragenen Heimstättenparzellen mitten im Powderrivergebiet der Sioux in Besitz nahmen, unternahm General Terry im Norden einen letzten verzweifelten Versuch, die Indianer zu einer Aktion zu provozieren, die man als Aufstand hätte deuten können:

Im Herbst 1875 entschloß sich der eingefleischte Soldat Major F. D. Pease, unversehens den Soldatenrock auszuziehen und Pelzhändler zu werden. Er verpflichtete den erfahrenen Armee-Scout Muggins Taylor, einige ausgepichte Pelzjäger und zwei Dutzend wilder Abenteurer, am Ufer des Yellowstone Rivers ein Handelsfort zu bauen und Tauschhandel mit den Sioux zu treiben. Den Sioux kam dieses Unternehmen sehr gelegen, weil sie hierdurch einen sehr weiten Anmarschweg zum Missouri ersparten. Sie empfingen deshalb die ledernackigen Abenteurer mit wohlwollender Freundlichkeit und wußten nicht, daß diesem geheimen Himmelfahrtskommando für den Fall, daß bei beginnender Schneeschmelze ein Überfall der Indianer auf die Fortbesatzung provoziert würde, großzügige Konzessionen in Aussicht gestellt worden waren, die jeden Überlebenden zum reichen Manne machten.

Eine wohlausgerüstete Schwadron der 2. Kavallerie stand in Fort Elliott ab März 1876 auf Abruf bereit, um die Abenteurer herauszuhauen und das erwartete Signal zum allgemeinen Krieg ans Hauptquartier weiterzugeben.

Dieses Spiel um Himmel und Hölle war ganz nach dem Geschmack der wild zusammengewürfelten Handvoll wilder Burschen, die sich von diesem Geheimauftrag alles versprachen, was eines rauhen Mannes Herz begehrte: Leben oder Tod, Leistung, Nervenkitzel, Pulverrauch und Reichtum.

Aber nun geschah plötzlich Unvorhergesehenes: der körperlich schwächliche und nervöse französische Koch der ‚Pelzhändler', ein junger Mann mit mädchenhaften Zügen und dem Gemüt eines Internatsschülers, erschoß einen Indianer, der ihm wohlwollte. Die für das Ende des Winters vorgesehene Provokation war da — aber 5 Monate zu früh. Das sorgfältig geplante Heldentheater für wenige Tage wurde unversehens zum Erdulden einer fugenlos dichten Belagerung und Einschließung durch die Indianer, die nahezu anonym blieben wie die Wildnis — zum tragischen Warten auf den lautlosen Tod durch die Cholera und einem nervenzerreißenden Fegefeuer innerer Auseinandersetzungen.

I. Kapitel

Diplomatie trägt auch einen Säbel

„Im Sioux-Gebiet warten ungeheure Bodenschätze darauf, gewonnen und zum Segen der Menschheit verwendet zu werden. Die düsteren Prophezeiungen, daß hierdurch einer der größten Indianerkriege aller Zeiten hervorgerufen werden kann, schreckt uns nicht.

Die Indianer müssen zur Seite treten oder unter der Flut der Zivilisation begraben werden. Das Schicksal der Ureinwohner Amerikas ist ebenso unvermeidlich, wie es der Niedergang Roms war. Jeder Versuch, diesen unergründlichen Beschluß des Schöpfers, den Indianer verlöschen zu lassen, durch abgeschmackte Sentimentalität aufzuschieben, ist des Geistes unseres Zeitalters unwürdig.“

Cheyenne Daily Leader, vom 3.3.1870

Der große Mann im Hirschlederanzug trat durch die Schwingtür, und seine grauen Augen musterten das Speiselokal. Dann steuerte er auf einen mittelgroßen Mann zu, der eben in einen Teller dampfender Suppe blies und mit spitzen Fingern seinen Kneifer mit einem Taschentuch sauberwischte.

„Ah, Taylor“, sagte der Mann, als der Scout einen Schatten über seinen Tisch warf. Vom Pier her röhrte der dumpfe Ton einer Dampfpfeife. „Setzen Sie sich.“

„Well, Mister Pease“, sagte Muggins Taylor und lehnte seine Colt-Rifle an die Wand. „Ich habe die McCormack-

Zwei Dampfschiffe an der Landestelle

Brüder gefunden." Der große Mann ließ sich auf einem Stuhl nieder und schob den Hut in den Nacken. Die Pfeife des Missouridampfers dröhnte ein zweites Mal.

„Großartig, wenn Zed Daniels mir noch den Sibirier und Nap Mattis bringt, dann wäre alles in Ordnung. Hat General Gibbon Sie in die Sache eingeweiht, Muggins?"

„Ungefähr, Mister Pease. Er sagte, daß Sie nicht mehr Major sind und Pelzjäger werden wollen." Taylor grinste breit. „Da Sie jahrelang Indianer-Agent in der Old Crow Agency gewesen sind, ist das glaubwürdig. Wo wollen wir das Fort errichten?"

„Ich denke an eine Stelle, wo der Big Horn in den Yellowstone mündet."

„Yeah, das geht. Da sitzen wir dem Bullen direkt auf den Hörnern."

„Wieso?"

„Nördlich von dieser Gegend haben die Hunkpapas ihre Zelte, nordwestlich die Tetons und westlich die Minneconjous."

„Teufel! Das wußte ich nicht", entfuhr es Pease. Er hörte auf, die Gläser zu polieren, setzte den Kneifer auf die Nase und blitzte den Scout an.

„Das ist noch nicht alles. Südlich beiderseits des Big Horns sitzen die Oglallas, und hinter denen, zwischen Rosebud und Little Big Horn, die Brulés. Das sind etwa 20000 Rothäute. Yes, Sir, das wird ein feines Pelzhandelsgeschäft", sagte Taylor grimmig.

„Hm, Sie meinen also wohl, daß es nicht gut gehen könnte, wie?"

„Das will ich gar nicht sagen. Seit Red Cloud mit seinen Häuptlingen zwischen Washington und New York von einer Versammlung zur anderen zieht, sollte man sich doch einbilden, daß kein Sioux mehr ein Wässerchen trüben könnte."

„Muggins, ich will wissen, was Sie von dieser Stelle

halten", meinte Pease barsch. Er achtete nicht darauf, ob seine Suppe nicht allmählich kalt wurde.

„Das kommt darauf an, was inzwischen die Armee macht. Es wäre möglich, daß Sherman unter dem Druck der Ostpresse Fort Ellis und Billings räumen läßt. Und zwar mitten im Winter, während wir Häute stapeln und Tabak und Pulver dafür tauschen."

„Aber ich bitte Sie. In Fort Lincoln stehen 4000 Soldaten und warten auf den Marschbefehl."

„Schön wär's. Aber darauf können wir uns nicht verlassen."

„Taylor, wir müssen das Unternehmen unter allen Umständen starten."

„Weiß ich. Also wird das Fort gebaut. Ich will nur keinem der Männer eine Lage schildern, wie sie nicht ist — und nicht, wie sie sich General Terry vielleicht wünscht."

Während der Major seine Suppe löffelte und Brot hineinbrockte, schaute der Scout zum Fenster hinaus. Fort Benton war der letzte Missourihafen im Westen, Umschlagplatz für die Versorgungsgüter und den Nachschub der Armee im Nordwesten, Ausrüstungszentrum für die Goldfelder Montanas, Drehscheibe des Abenteuers vor den Rocky Mountains, die im Westen wie eine Mauer, die den Himmel stützte, das Land abzuriegeln schien.

„Wir können nicht in die Welt hinausposaunen, um was es geht, Muggins. Wenn die Presse im Osten Wind von der Sache bekommt, ist die Armee endgültig erledigt."

„Das ist mir klar. Aber andererseits, glauben Sie im Ernst, daß irgendeiner so verrückt sein könnte, am Yellowstone mit den Rothäuten Felle zu tauschen, wenn es nur um Felle geht?"

„Muggins, ich habe mir unterwegs den Kopf zerbrochen, wie diese Frage zu lösen ist", sagte Pease und wischte sich mit einer Serviette den Mund ab. „Es geht nicht anders: wir können nur ein paar ganz zuverlässige Männer einweihen. Das sind die McCormack-Brüder, das wäre der Sibirier und Nap Mattis. Die anderen Männer müssen wir dann eben aus solchen Kreisen nehmen, die einfach keine andere Wahl haben, als unseren Vorschlag anzunehmen."

„Hah", lachte Taylor lustlos. „Keine andere Wahl ist gut. Dann sind wir hier falsch. Dann müssen wir unsere Leute aus dem Staatsgefängnis holen."

Der Major streckte den Arm über den Tisch, tippte den Scout zweimal gegen die Brust und nickte ernsthaft. „Ge-nau, Muggins! Aber dazu brauchen wir nicht ins Staatsgefängnis. Ich will keine Verbrecher dabei haben. In Benton, in Fort Peck und Bismarck gibt es genug Männer, die auf unseren Vorschlag warten."

„Hm", brummte der Scout zweifelnd.

„Ich denke an Männer, die beim Spiel, durch Spekulation oder sonstwie den letzten Cent verloren haben und am Ende sind. Solche Burschen greifen die Hölle mit einem Eimer Wasser an, wenn man ihnen eine Chance gibt."

„In Ordnung, Pease. Das wäre eine Möglichkeit. Wieviel Zeit haben wir?"

„Höchstens zwei Wochen. Die Ausrüstung liegt hier in Schuppen 9. Zwei Boote mit allem, was gebraucht wird. Ich lasse sie nach Fort Buford an der Yellowstonemündung bringen. Übrigens, ich habe für Sie im Carlton Hotel ein Zimmer reservieren lassen." Pease erhob sich. „Mit heißem Bad."

Auch Muggins Taylor erhob sich. „Fein", sagte er. „Ich bin neun Tage im Sattel gewesen und habe nur wenige Stunden geschlafen. Ich werde baden und mich aufs Ohr legen."

„Wenn Sie morgen aufwachen, bin ich nach Fort Peck

unterwegs, Taylor. Wir sehen uns in spätestens vierzehn Tagen in Fort Buford wieder. Noch eine Frage: Welche Bewaffnung haben Sie am liebsten? Ich kann Winchester 73 Repetierer bekommen."

„Nein. Mir sind die einschüssigen Springfields und Sharps lieber. Mit den Winchestergewehren erreicht man zwar mehr auf kurze Entfernung. Aber wenn wir die Sioux überhaupt nahe herankommen lassen, sind wir erledigt. Wir müssen sie uns auf weite Entfernung vom Halse halten. Das ist unsere einzige Chance."

„Also gut, Springfields, Peabody-Martinis und Sharps für Hochgeschwindigkeitspatronen, einverstanden?"

„Am besten nicht zu viele Modelle, sondern nur eins, Pease." Die Männer traten durch die Schwingtür hinaus auf die Straße. Ein Missouri-Raddampfer legte gerade vom Landungssteg ab und wühlte sich auf die Mitte des Flusses zu. Neger in zerfetzten Kleidern rollten Taue zusammen. Wagen rollten über die Straße zwischen den großen Häusern aus ungeschälten Baumstämmen.

„Von 20 Raddampfern, die dieses Jahr St. Louis verließen, sind nur 4 in Benton angekommen. 3 liefen auf Sandbänke und brachen mitten im Fluß auseinander, die anderen mußten wegen des Treibsandes ihre Fracht 100 Meilen vorher an Land ausladen, von wo aus sie mit Ochsenwagen nach Benton gebracht wurde. Tausende von Tonnen Fracht werden jährlich durch Benton in die Goldfelder Montanas geschleust. Erst gestern hat ein Wagenzug von 250 Wagen, die von 4 bis 8 Ochsen gezogen werden, die Stadt in Richtung Milk River verlassen.

Fort Benton ist von der amerikanischen Pelzhandelsgesellschaft aus Baumstämmen und ungebrannten groben Ziegeln erbaut worden. Es hat nie Truppen hier gegeben, aber die ganze Ausrüstung für die Armee des Nordwestens lagert hier in großen Schuppen. Benton City, wie man die 6 Straßen mit schmutzigen Häusern auf einem Hügel nennt, liegt oberhalb der Schuppen. Es besteht aus Hotels, Saloons, Spielhallen, Pensionen, Speiselokalen, Badehäusern, Geschäften und Lagern. Ich bin seit zwei Tagen hier. In dieser Zeit wurden 8 Männer erschossen. Gesetze und Polizisten gibt es nicht, nur einen Sheriff, der mehr betrunken als nüchtern ist. Die Stadt ist voll von Goldsuchern, die in die Goldfelder gehen und aus ihnen zurückkommen, von Frachtfahrern und seit einigen Tagen auch von einem Dutzend texanischer Cowboys, die eine kleine Rinderherde quer durch das Siouxgebiet getrieben haben. Der Himmel mag wissen, wie sie das gemacht haben. Es sind die verwegensten Burschen, die ich je gesehen habe.

In der Hauptsache produziert Benton Franzosen und Halbblute, die scheinbar aus dem Boden wachsen, so unvermittelt treten sie plötzlich in Massen auf, Büffelhäute, Felle und Hunde. Das Land rundherum ist voll von Büffeln, Antilopen, Klapperschlangen, Elchen, Bergschafen und wilden Indianern. Kürzlich sind ungeheure Quarzvorkommen entdeckt worden, und die ersten Quarzmühlen werden in fieberhafter Eile errichtet. Goldstaub ist die Währung. Banknoten gibt es kaum, sie haben pro Dollar nur einen Wert von 80 Cents. Die Indianer-Agentur liegt mitten in der City. Dort stehen stets Dutzende von finsteren Schwarzfuß-, Blood-, Gros-Ventres- und Piegan-Indianern herum, die mit Wagen ihre Rationen abholen und dann spurlos in der Wildnis verschwinden. Vor drei Stunden betraten vier dieser Indianer einen Saloon und begannen gleich zu erzählen, welch große Häuptlinge sie seien und wie viele Skalps von Weißen sie erbeutet hätten. Da zogen zwei Trapper, die frühstückten (die McCormack-Brüder) wortlos ihre Revolver und schossen die Indianer nieder. Man trug sie hinaus und warf sie in den Fluß.

Das nächste Postbüro von hier ist Virginia City, mehr als 300 Meilen entfernt."

H. D. Upham, Fort Benton, im August 1875

Mit den Schüssen wehten dichte Pulverschwaden über die Schwingtürflügel aus dem Saloon hinaus auf die Straße. Muggins Taylor stieg über die vier toten Indianer, die am Boden lagen, und ließ sich am Tisch der McCormack-Brüder nieder, die mit ihren Bowiemessern große Stücke von Rauchfleisch absäbelten, sie mit der Messerspitze aufspießten und in den Mund schoben. Muggins warf einen Blick auf die Peacemaker Colts — sie lagen auf dem Tisch und rauchten noch — und sagte: „In zwei Wochen müssen wir alle in Fort Buford sein."

John McCormack nickte gleichgültig. Und während er mit vollen Backen kaute, fügte er hinzu: „All right, also werden wir in zwei Wochen in Fort Buford sein. Übrigens, einen guten Mann kannst du im Gefängnis abholen. Cowboyboß. Ist von Kartenhaien bis aufs Hemd ausgezogen worden. Er hat den ganzen Destry-Saloon kleingeschlagen. Ein ziemlich harter Bursche. Texas. Hat selbst Pferd und Sattel verspielt. Sitzt jetzt da und atmet gesiebte Luft. Destry verlangt 100 Dollar."

„Hast du ihn selber gesehen?"

John McCormack schüttelte den Kopf. „Nicht nötig. Er hat Destry durchs Fenster geworfen. Das kann außer dem Cowboy nur noch ein ausgewachsener Grizzly."

„Hast du noch mehr?"

Der Trapper deutete mit dem Daumen nach oben. „Zimmer sechs und sieben. Es ist ein kleiner dicker Wikinger dabei, der in Virginia City vor einigen Jahren ein paar Dutzend Banditen aufgehängt hat."

„Beidler?"

„Das ist der Name. Die anderen sieben haben ihre ganze Ausrüstung auf dem Dampfer gehabt, der vor acht Tagen gesunken ist. Ich erklärte ihnen, daß man im Winter besser ins Pelzgeschäft einsteigt und nicht in Virginia City Stiefel putzt. Sind ganz ordentliche Männer darunter."

„In Ordnung. Dann sehe ich mir den Cowboy mal an."

Das Büro des Sheriffs lag innerhalb des Palisadenzauns des alten Pelzjägerdepots, das man Fort Benton nannte. Der Sheriff war ein einäugiger Mann mit großen Füßen und schmutzigen Händen. Er saß auf einem klapprigen Schaukelstuhl aus Mississippi-Rohrgeflecht, hielt eine Flasche in der Hand und blickte finster über den Fluß. Als der Scout auf seinem Appaloosa durch das offene Palisadentor ritt, musterte der Sheriff ihn mit seinem wäßrigen Auge, und aus der Schießscharte eines Schuppens rief eine helle Stimme: „Hey, Hombres, wenn das nicht ein Pferdchen aus Feuer und Schwefel ist, will ich Yankee heißen!"

Muggins Taylor lenkte seinen Hengst auf den Schuppen zu und stieg vor der Schießscharte aus dem Sattel. Ein hageres Gesicht mit blitzenden blauen Augen lachte ihm entgegen. „Ich habe bei den Nez Perces viel Geld für den Hengst bezahlt", sagte er. „Und ich bin bereit, viel Geld dafür zu zahlen, daß Sie hier 'rauskommen."

Die klaren Augen des Cowboys starrten den ganz in Leder gekleideten Scout forschend an.

„Was Sie nicht sagen! Dann wären Sie der erste Yankee, der Geld verschwendet."

„Ich will Ihre Antipathie gegen Yankees nicht beeinflussen, Mister Cowles. Ich brauche Männer, mit denen man Felsen auseinandersprengen kann."

Der Sheriff war aus seinem Sessel aufgestanden und kam nun, die Flasche in der Hand, den steifen runden Hut schief auf dem Kopf sitzend, näher. Er brummte den Scout an. „Wenn ich auch nur noch ein Auge habe, hören kann ich — hupp — noch verdammt gut. Sie wollen diesen Menschenfresser auskaufen, wie?"

„Das hängt von Jack Cowles ab."

„Worum geht's?" fragte Cowles durch die Schießscharte.

„Wir erbauen am Yellowstone ein Handelsfort. Tauschen mit den Sioux Felle. Nur diesen Winter. Das ist alles."

„Hören Sie, Hombre. Ich brauche einen neuen Sattel, ein gutes Pferd und weiß, daß ich dafür was tun muß. Aber ich lasse mich hier lieber von Ratten und Wanzen fressen, ehe ich eine andere Arbeit mache, als Schießen und schönen jungen Ladies den Lauf des Missouri zu erklären."

„Die Arbeit ist ganz nach Ihrem Geschmack", sagte Taylor. „Mehr kann ich jetzt nicht dazu sagen. Im April liegen Sie entweder unter der Erde, oder Sie haben alles, was Sie brauchen, und einen Haufen mehr."

„Hört sich gut an. Los, Einauge, sage diesem Caballero, was Jack Cowles kostet."

Der Sheriff betastete mit spitzen Fingern die schwarze Augenklappe und zählte auf: „Destry verlangt hundertzehn. Die Strafe macht fünfzig. Für Unterkunft und Verpflegung zehn Dollar. Das sind hundertsiebzig Dollar. Wenn sie hundertachtzig zahlen, Mister, wickele ich ihn Ihnen in Seidenpapier ein."

Der Scout holte einen Beutel aus schwarzem Leder hervor, holte neun Goldstücke daraus hervor und ließ sie in die ausgestreckte Hand des Sheriffs klacken. Dessen Auge wurde groß und rund. Er nahm eins der Goldstücke zwischen zwei Finger, schob es zwischen die Zähne und biß vorsichtig darauf.

„Clark- &-Gruber-Goldstücke." Das Auge richtete sich forschend auf Taylor: „Wo, in drei Teufels Namen, haben Sie die denn her, hey?"

„Wenn ich mal eine Amme brauche, denke ich an Sie", sagte Taylor. „Ich weiß, daß diese Münzen mehr wert sind als zwanzig Dollar. Deshalb werden Sie jetzt Mister Cowles entlassen."

„Natürlich. Klar. Sicher." Der Sheriff hob den schweren eisenbeschlagenen Riegel an und öffnete die Tür. Heraus trat ein hochgewachsener schlanker Mann, dessen Füße in hochhackigen Texasstiefeln steckten. Cowles trug handtellergroße Zackenradsporen an den Stiefeln und schwere Lederchaps mit Vordertaschen an den Beinen. Darüber hing an der Hüfte ein Patronengürtel mit zwei großen Revolvern.

„Ich kriege zehn Dollar von Ihnen", mahnte der Scout den Sheriff.

„Tut mir leid. Ich habe kein Wechselgeld."

„Hah", sagte Cowles, „und was kostet es, wenn man einen Sheriff anfaßt?"

Der starkknochige Mann starrte den Cowboy an, dann die Goldstücke auf seiner Hand und meinte grinsend: „Zehn Dollar, Freund des Südens."

„Bueno, Amigo, das ist ein Wort." Der Cowboy holte aus, und eine knochenharte Faust krachte gegen das Kinn des Sheriffs. Der fiel krachend zu Boden und blieb wie tot liegen. Jack Cowles ging mit rasselnden Sporen und hölzernen Schritten zum Büroblockhaus und kam von dort mit einer Winchester-Rifle und einem zum Beutel gebundenen rotseidenen Halstuch zurück, aus dem er jetzt Patronen herausnahm und in die leeren Schlaufen seines Gürtels steckte. Als die beiden Männer das kleine Handelsfort verließen, kam der Sheriff gerade wieder zu sich. Er öffnete das Auge blinzelnd, löste langsam die verkrampften Finger seiner Faust und starrte die Goldstücke an. Dann tastete er über sein anschwellendes Kinn und murmelte: „Ich sag's ja, die Strafen sind zu niedrig, viel zu niedrig."

„Elf Meilen von Holz entfernt, neun Meilen von Wasser, zwei Meilen von der Hölle. Gott segne Euer Heim. Eine Frau wird gesucht."

Schildinschrift an einem Goldgräberblockhaus
60 Meilen von Fort Peck, 1874

„Die Ausbeute war von Anfang an so mager, daß man selbst bei schwerster körperlicher Anstrengung in der

Woche kaum mehr Goldstaub aus dem Bach wusch, um dafür ein paar Pfund Mehl und Trockenobst zu kaufen. Jetzt scheint es endgültig vorüber zu sein. Es ist kein Krümel Gold mehr zu finden. Wir haben den Verdacht, daß Bucky Nelson, der uns seit Monaten zu ungeheuren Preisen schlechtes Pökelfleisch, billigen Brandy und allerhand Schund verkauft, seine Bonanza, die er gefunden haben will, ‚salzte', das heißt, er hat wahrscheinlich eine Handvoll Nuggets selber hineingelegt. Als zwei Dutzend Männer Nelsons Store stürmten und den dicken Engländer kurzerhand aufhängen wollten, fuhr Reverend Lay Anderson wie ein Gewitter dazwischen. Er schießt wie ein Kunstschütze, und wenn er einem die kupferbeschlagene Bibel an den Kopf schmeißt, wird man vor Mitternacht nicht wieder wach. Wenn er brüllt, kann man die Hölle riechen. Als er mit den Lynchern fertig war und einen Gottesdienst abhielt, hockten die meisten Männer halb bewußtlos auf den Stühlen. Er sagte, daß wir alle habgierige Verbrecher, Banditen, Halunken, Diebe und Mörder seien und bereit wären, für Gold jede Schandtat dieser Erde zu begehen. Ich habe hartgesottene Männer wie Kinder heulen sehen, so zerknirscht waren sie. Dann packte der Reverend den grinsenden Nelson, warf ihn durchs Fenster und brüllte, daß er selbst für die Hölle und den Teufel zu schlecht sei. Er hat Nelsons Store angezündet, und im Handumdrehen stand das ganze Camp in Flammen. Wir gehen nach Fort Peck, und Anderson wird mit einem Armee-Scout am Yellowstone ein Pelzhandelslager gründen. Dann kann er den Sioux seine 30pfündige Bibel auf den Kopf hauen."

Chris Olsen an Maria Olsen-Madsen,
New York, im Sommer 1875

Pünktlich, wie zwischen dem Scout Muggins Taylor und dem ehemaligen US-Major F. D. Pease vereinbart, trafen die McCormack-Brüder, Zed Daniels und Pease mit insgesamt 30 Männern in Fort Buford ein.

„General Sullys 1864er Missouri-Expedition hatte zwei wesentliche Resultate: Das strategisch wichtige Mündungsgebiet des Yellowstone in den Missouri geriet unter die Beobachtung der Armee, Fort Union, der alte Pelzhandelsposten, wurde abgerissen und statt dessen auf dem anderen Ufer des Missouri Fort Buford erbaut. 4 Meter hohe Palisadenzäune umgaben zunächst den 300 mal 200 Meter breiten Platz, weil die Sioux bis zum Friedensschluß ständig angriffen. Danach, 1868, wurden die Zäune abgerissen und das Fort um 30 Gebäude aus Lehmziegeln erweitert."

Herbert M. Hart in Old Forts of the North-West, 1963

„Im Spätsommer war es so weit, daß alle Männer, die endgültig zur Abenteurermannschaft gehörten, über den wahren Grund unterrichtet wurden. Sie waren wohl bewaffnet und hatten einen großen Munitionsvorrat, alle

Von links nach rechts: Zed Daniels, Leslie T. Brisbin, James H. Miller, Nathaniel McNash in Bozeman, 1875

waren beritten, und es gab eine Anzahl Packmulis und Boote, auf denen die Ausrüstung transportiert wurde. Ein Teil ritt zu Pferde, der andere nahm die Boote. Bevor aufgebrochen wurde, erreichte ein Befehl Major Pease, der ihn zu dringenden Regierungsgeschäften abrief. Auf einem Hügel, der sich 16 bis 20 Meter über das Uferland erhob, wurde das ‚Fort' erbaut, das aus einigen Blockhäusern und einem starken Palisadenzaun bestand und etwa 350 qm groß war. Leider war durch die Schuld des jungen französischen Kochs eins der Boote mit viel Material, vor allem aber mit 18 Gewehren und einem Großteil des Munitionsvorrates in den Fluß gekentert, so daß den 31 Männern nur 14 Gewehre blieben. Da es in der Umgebung sehr viel Wild gab, verzichtete man darauf, die verlorengegangenen Vorräte aus Fort Buford zu ergänzen."

E. A. Brinnistol in: The Story of Old Fort Pease, 1953

II. Kapitel

Handelsfort Pease ist eine Idylle

„Von den Yankton Sioux kommt in diesem Jahr ein bemerkenswerter Bericht: ‚Wir haben kein Gefängnis, kein Gesetz außer dem Friedensvertrag von 1868 und außer dem Wort des Agenten, doch es gibt bei uns keine Streitigkeiten, keine kämpferischen Auseinandersetzungen und — mit einer oder zwei Ausnahmen — keinen Fall von Trunkenheit während des Jahres. Angesichts des Umstandes, daß das Indianergebiet von weißen Siedlungen und Ranches umgeben ist, wo man für Felle und Häute jede Menge und jede Art von Alkohol bekommen kann, ist das eine sehr bemerkenswerte Feststellung.‘ Gibt es irgendeine Siedlung von zweitausend Seelen in den Vereinigten Staaten, von der man so etwas ehrlichen Herzens behaupten könnte?“

Helen Jackson in: The Sioux, 1881

„Anfang Dezember 1881 wurden die Indianer ärgerlich, weil die Pelzhändler von Fort Pease beim Erbeuten von Vielfraßfellen auf das übliche Fallenstellen verzichteten und statt dessen lediglich Fleischbrocken ausstreuten, die mit Strychnin vergiftet waren. Viele Hunde der Indianer, neben den Pferden ihre wichtigsten und treuesten Hausgenossen, waren auf diese Weise vergiftet worden, was die empfindlichen Sioux gerade deshalb als unfreundliche Handlung der Weißen ansahen, weil man sie frühzeitig genug auf

solche Folgen aufmerksam gemacht hatte. Es gab an den Beratungsfeuern der Sioux außerdem viele junge ungestüme Krieger, die den Kampf und nicht Verhandlungen und Vorträge der weisen alten Häuptlinge in Washington wollten. Die Unklugheit der Pelzhändler und Abenteurer führte schon früh dazu, daß die Stimmen der besonnenen Männer weniger Gehör fanden als jene, die den Kampf bis aufs Messer predigten. Mitte Dezember, als die Kälte einsetzte, kam der Tauschhandel praktisch schon zum Erliegen."

E. A. Brinnistol in: The Story of Old Fort Pease, 1953

Im Westen neigte sich der Tag. Das fahle Licht der verglühenden Himmelsfarben vermischte sich mit dem stumpfen Glanz des Vollmondes, der hoch über den Wäldern stand.

In den Blockhäusern brannten Kerosinlaternen, deren gelbes Licht durch die zahlreichen schmalen Schießscharten drang und helle Balken über den harten Boden innerhalb des Palisadenzauns legte.

Langsam wanderte der Wachposten am Zaun entlang und warf hin und wieder einen aufmerksamen Blick durch die Schießscharten. Der Mann war riesengroß und breit wie ein alter Schrank. Über die Grizzlyfelljacke hatte er einen patronengespickten Revolvergurt geschnallt, in dessen Holster ein großer Peacemaker-Colt steckte. Das Springfield-Gewehr trug er in der Armbeuge. Den breitrandigen speckigen Hut hatte er auf den muskelstarken Nacken zurückgeschoben. Ein weit geöffnetes Hemd entblößte das große Dreieck seiner dicht behaarten Brust. Mit tiefer Baßstimme summte er eine jener feurigen Melodien, die eine fortwährende Aneinanderreihung eines einzigen musikalischen Themas war und die sich nur dadurch immer wieder anders anhörten, weil sich ihr Rhythmus unablässig änderte.

Aus den kleinen Blockhäusern tönte das Klappern von

Blechgeschirr. Rauhe Männerstimmen waren zu hören. Durch die Kaminöffnungen stiegen drei schwarze Rauchsäulen senkrecht in die windstille Nacht.

Der Wachposten schaute durch eine der Schießscharten zum breiten Band des Flusses hin, der wie ein Strom flüssigen Silbers durch das Land glitt.

Die Tür eines Blockhauses öffnete sich, und Frenchy trat hinaus.

„Ive, du kannst essen kommen!"

Ive wendete sich nicht um, sondern winkte nur mit der Hand. Er unterbrach sein Summen und rief: „Komm hierher, Söhnchen!"

„Sioux?" Frenchys helle Stimme zitterte.

„Komm hierher, und schau es dir an!"

Frenchy ging zögernd zum Zaun. Frenchy war mittelgroß und schlank wie eine Tänzerin. Sein weiches, braunes Haar war in den letzten Monaten bis auf die Schultern gewachsen. Er hatte feingliedrige Hände, ein ovales Gesicht mit weichen Zügen und große träumerische Augen.

Er griff zu dem Revolver, der an seiner Hüfte hing, und umklammerte das kalte Hickoryholz des Griffs.

„Was gibt es denn, Ive?" fragte er zaghaft.

„Sieh den Fluß an, Söhnchen. Der Mond spiegelt sich in ihm wie in einem Spiegel. Wie still es ist! Die Tiere sind in den Winterschlaf gegangen. So sieht der Jenissei im Frühjahr aus, wenn die ersten Schmelzwasser weg sind und er in sein altes Bett zurückgegangen ist."

Frenchy kam näher und schaute durch die Schießscharte. Fort Pease lag auf einem kleinen Uferplateau, dessen Ränder sanft ins Land abfielen. Man hatte von diesem 60 Fuß über das Land ragenden Platz aus einen weiten Blick.

„Ist der Jenissei in Alaska, Ive?"

„Nein, Söhnchen, in Sibirien." Der Pelzjäger richtete sich auf und stand wie der uralte Stamm eines hartrindigen Baumes vor Frenchy. „Das ist ein Land, sage ich dir. Ich . . .“

„Du solltest dich lieber um die Indianer kümmern, Ive“, erwiderte Frenchy. „Sie sind so still geworden in letzter Zeit. Sie haben etwas vor, sagt Zed Daniels. Parbleu, es wird etwas Furchtbares geschehen. Ich habe es geträumt letzte Nacht, Ive. Mon dieu, es war ein schrecklicher Traum.“

Der Pelzjäger legte seine behaarte Pranke auf die schmale Schulter Frenchys und stieß ein tief aus der Brust kommendes Lachen aus.

„Oh, Söhnchen, die Rothäute sind froh, daß sie in ihren warmen Tipis sitzen. Es wird gar nichts geschehen. Glaube mir, gar nichts. Erst im Frühjahr kriechen sie aus ihren Fellzelten und wetzen ihre Hörner an den Bäumen wie erwachende Elche.“

„Verdammt, wo bleibt Frenchy!“ schrie Jack Cowles in seinem breiten, texanischen Dialekt, und der hagere Cowboy mit den beiden schweren Revolvern tief an den Schenkeln erschien breit in der Tür. „Wenn er dir wieder was vorspinnt, hau ihm eins aufs Maul, Ive! Frenchy, zum Teufel, der Kaffee brennt an!“

Frenchy schaute in das bärtige, breite Gesicht des Pelzjägers hoch und raunte: „Da siehst du es! Nicht einmal die Kanne wollen sie vom Feuer nehmen! Frenchy, ich muß noch etwas Fleisch haben. Frenchy, du hast zu wenig Salz auf den Tisch gestellt! Frenchy, warum ist das Loch in meiner Decke noch nicht geflickt? Frenchy, der Kaffee brennt an!“

„Soll ich dir Beine machen, hombre?“ dröhnte das rauhe Organ des Texaners über den kleinen Platz.

„Geh, Söhnchen“, sagte der Pelzjäger lächelnd, „du bist der Koch! Dafür kannst du unter unsere Jacken kriechen, wenn es nach Pulver riecht. Die Welt ist gerecht. Ein Koch darf den Kaffee nicht anbrennen lassen.“

Jack Cowles ließ Frenchy in das Blockhaus treten und ging auf den Pelzjäger zu.

„Na, immer noch kein Zeichen der verdammten Rothäute?"

„Nein, Brüderchen Jack, nichts. Die Sioux schlafen. Wie die Natur."

Der große Texaner betrachtete Ive stirnrunzelnd. Er rieb sich über die Knöchel und blickte dem in der kalten Luft zerfließenden Dampf seines Atems nach.
starrte hinaus in die helle Nacht.

„Sage, Alterchen, du frierst wohl überhaupt nicht, was?"

„Nein. Frieren? Wieso frieren? Das kann man doch nur, wenn es kalt ist. Es ist doch nicht kalt. Es liegt noch kein Schnee, und es hat noch kein Frost eingesetzt. Brüderchen, wenn es in den Baumstämmen kracht, als ob Kanonen abgeschossen würden — dann ist es kalt. Das hier nennt man in Alaska Sommer. Da tanzen die Mädchen zu dieser Zeit auf den Wiesen."

Jack Cowles war an eines der Schußlöcher getreten und starrte hinaus in die helle Nacht.

„Dieses verdammte Warten! Wenn nur nicht dieses verdammte Warten wäre!"

„Du kommst zu deinem Recht, Brüderchen. Schleif deine Zähne, es sind mindestens zweitausend Sioux. Im Frühjahr müssen sie scharf sein!"

Jack Cowles drehte sich um, seine kühnen, lebendigen Züge kamen zur Ruhe, seine wasserhellen Augen starrten den Pelzjäger mißbilligend an. Er ging drei Schritte, und das helle Rasseln der großscheibigen Chihuahuasporen hallte über den Hof.

Plötzlich lief eine kaum wahrnehmbare Bewegung durch seine geschmeidige Gestalt, und plötzlich hielt er die beiden großen Revolver in den Händen.

„Scharfe Zähne, eh?" Er lachte meckernd auf.

„Sehr gut, Brüderchen Jack", lobte der Pelzjäger in seiner harten, kehligen Aussprache, „das ist gut für ein Duell. Auch gut für eine Stadt vielleicht, aber hier . . ." er schüttelte den großen Kopf. „Ein gutes Gewehr und ein gutes Auge und eine sichere Hand sind besser." Er streichelte die blinkende Springfield. „Wer löst mich ab?"

„Ich", knurrte Jack Cowles und ließ die Revolver mit kreisförmig wirbelnden Bewegungen um die Zeigefinger in den Holstern verschwinden. „Ich, wer sonst. Bis Mitternacht. Sage Frenchy, er soll mir dann Kaffee bringen."

Der Sibirier reichte ihm das Gewehr und stampfte in seiner schwerfälligen Art zum Blockhaus.

Vor zwei Monaten hatten sie das Fort aus frischen Baumstämmen erbaut. Das Holz war immer noch feucht, die Kälte bewahrte die Feuchtigkeit in den Stämmen, obwohl von Anfang an die Flammen auf den Feuerstellen groß und heiß waren.

Entlang den Wänden des Blockhauses standen doppelstöckige Betten. Es gab einen langen Tisch, eine große Truhe und einen Waffen- und Vorratsschrank, alles aus dünnen Birkenstämmen zusammengehämmert —, grob und stark und zweckmäßig. Stammstümpfe dienten als Sitzgelegenheiten.

Die Brüder Paul und John McCormack hockten auf ihren Lagern, hager, knochig, schweigsam. Paul McCormack hatte seinen Sattel auf den Knien liegen und stach frische Nähte in ein Flickstück. John strickte an einem grauwollenen Socken. Ein bereits fertiger hing an einem Nagel an der Wand. Ab und zu hielt er den, den er in Arbeit hatte, maßnehmend gegen den fertigen.

Zed Daniels lag auf seinem Fellbett, die Beine ausgestreckt, die Hände hinter den Kopf gefaltet. Zwischen seinen Lippen balancierte er eine erloschene Zigarre.

Dave Poker hockte am Tisch. Seine knochigen langen

Finger spielten geschickt mit einem Stoß Karten. Auf dem Tisch standen Blechteller mit Resten von Knochen und Sehnen, dazwischen eine große Kaffeekanne. Hinter Ive betrat Les Brisbin den Raum.

„Wie lange dauert es denn noch?" fuhr er Frenchy an, der an der Feuerstelle mit einem Bratspieß hantierte.

„Bis es soweit ist", antwortete John Beidler scharf. „Der Kaffee hat gekocht. Schütte ihn selbst in die Kanne." Der kleine, gedrungene Mann stützte beide Hände schwer auf die Griffe seiner Revolver und drehte sich zu einer der Schießscharten um, schaute hinaus, sah Jack Cowles mit dem Gewehr in der Hand am Zaun entlanggehen und setzte sich auf sein Lager. „Worauf wartest du?" fragte er Les Brisbin. Dessen kurzer scharfer Blick traf Frenchy und dann Beidler. Er nahm den Topf vom Dreifuß, goß die Kanne voll und ging mit ihr zum Ausgang.

Dort drehte er sich um.

„Was ist nun?" fragte er knapp. „Ich muß ihnen sagen, was jetzt ist."

John Beidler warf Muggins Taylor einen Blick zu. Muggins lehnte am Gewehrschrank. Er sagte:

„Es ist zu spät."

„Wir haben nur noch vierzehn Gewehre für dreißig Männer. Das ist zu wenig. Wenn die Sioux angreifen, sind wir geliefert."

Der Pelzjäger streifte die Grizzlyfelljacke ab und klopfte Brisbin gutmütig lächelnd auf die Schultern.

„Den Rothäuten ist der Winter genauso unangenehm wie uns, Brüderchen. Jetzt schlafen sie und wärmen sich gegenseitig. Das ist keine Kampfzeit für sie."

Muggins nickte. „Ganz meine Meinung."

„Mit einem Kanu können wir in zehn Tagen in Billings sein und neue Gewehre beschaffen. Noch kommen wir durch", meinte Les Brisbin.

Beidler schüttelte den Kopf.

„Durch schon, aber nicht wieder zurück."

„Was willst du damit sagen?"

„Genau das, was du verstanden hast, Les. Wir sind zusammen hierhergekommen, und wir werden auch wieder zusammen gehen. In zehn Tagen hat der Winter den Weg zwischen Billings und Fort Ellis blockiert. Keiner wird also seine Waffen dalassen und abhauen."

Les Brisbin rief zu Zed Daniels hin: „Du hast von großen Geschäften geredet! Wir haben eine Ladung Felle nach Bozeman geschickt . . . Das war alles. Wo sind deine großen Geschäfte? Das wollen sie wissen!"

Ohne den Kopf zu wenden und ohne die erloschene Zigarre aus dem Mund zu nehmen, antwortete Zed Daniels langsam: „Im nächsten Frühjahr übernimmt die Armee den Platz."

„Im Mai! Bis dahin sind es sechs Monate. Die Sioux haben Berge von Fellen, die wir eintauschen könnten. Aber es sind keine Sioux mehr da. Seit vierzehn Tagen ist keiner der Burschen mehr zu sehen. Ich bin auf meinen Streifzügen nicht einmal mehr einem Hund begegnet."

„Das besagt nichts", meinte Muggins Taylor, „wir haben zu viele Vielfraße mit Strychnin-Ködern gefangen. Es hat sie verärgert, daß einige ihrer Hunde auch Köder gefressen haben und eingegangen sind. Sie brauchen etwas Zeit, um sich zu überlegen, wie viele Geschenke sie dafür haben wollen."

„Also kein Trip nach Billings, keine neuen Gewehre und kein großes Geschäft", knurrte Brisbin.

„Man muß warten können", meinte Zed Daniels, und er angelte in einer Hosentasche nach einem Streichholz, riß es an und entzündete die Zigarre. „Sobald die Armee den Platz übernommen hat, wird das erste Dampfschiff nicht lange auf sich warten lassen. Das Fort wird erweitert. Es wird einen regen Handel geben. Man wird Hotels und Saloons brauchen. Der Whisky wird zehn

Dollar die Flasche kosten. Es gibt tausend Möglichkeiten, aus Dreck Geld zu machen. Du wirst sehen, Les."

„Und wenn die Sioux gesehen haben, wie dieser verdammte Narr von Frenchy mit dem Kanu kenterte und achtzehn Gewehre samt Munition versanken? Was dann?"

„Entweder bleiben sie friedlich, dann ist alles in Ordnung, oder wir können uns auf etwas gefaßt machen", sagte Beidler. „Kämpfen müssen wir auf jeden Fall."

Dave Poker schob das Kartenspiel zusammen und steckte es in die Tasche seiner hirschledernen Jacke. Er fuhr sich mit der Hand über das bleiche Gesicht.

Er stand auf, gähnte und sagte: „Gentlemen, ich wünsche eine gute Nacht!" und begann, sich sorgfältig zu entkleiden. „Habe ich eine Wache, Muggins?"

Muggins schüttelte den Kopf.

Frenchy war inzwischen fertig. Er hatte von dem Bratspieß zehn Fleischstücke geschnitten und sie in einen Topf gesteckt.

„Das Fleisch geht zu Ende, Muggins", sagte er.

„Es ist Wild genug in den Wäldern. Morgen wirst du neues bekommen."

Les Brisbin drehte sich, bevor er das Haus verließ, noch einmal um. „Wir warten auf die Geschäfte, Zed!"

„Das tue ich auch. In einem Jahr ist jeder von uns ein reicher Mann."

„Ich werde ein Speiselokal eröffnen", rief Frenchy, „und alles das kochen, was es in Amerika nicht gibt."

„Also alles, außer Elchbraten ohne Salz", knurrte John McCormack. Er legte die Stricknadeln aus der Hand, streckte sich aus und war im nächsten Augenblick eingeschlafen.

„Wenn das Fleisch einmal ausgeht, bist du der erste, der geschlachtet wird", hörte man Les Brisbin den Franzosen anknurren, „und deine Ohren werde ich mir an den Gürtel binden!"

Frenchy begann zu singen:

„Die Ohren von Lord Randall
waren groß und schwer
wie Segel vor dem Winde . . .“

Der Tritt Les Brisbins traf Frenchys Hinterteil mit solcher Wucht, daß dieser kopfüber zu Boden schoß und der Topf mit dem Fleisch genau vor die Tür des zweiten Blockhauses rollte.

Jack Cowles stellte das Gewehr gegen den Palisadenzaun und kam mit schwingenden Armen auf Brisbin zu.

„Cochino, du armes Schwein, steh auf!“ sagte er und griff Frenchy unter die Arme. Er stellte ihn auf die Beine und ging auf Brisbin zu, der ihm mit in die Hüfte gestemmten Händen entgegenblickte.

„Les, ich kann dir schon nicht verzeihen, daß du ein Yankee bist, aber daß du diesen sonnigen Jungen so behandelst, gefällt mir noch viel weniger.“

„Willst du Streit, Jack?“ fragte Les Brisbin müde. Die Tür des Blockhauses, für das das Fleisch bestimmt war, öffnete sich. Männer traten heraus, warfen einen Blick auf Frenchy, der sich den Staub aus der Kleidung klopfte, hoben den Topf auf und gingen wieder hinein.

„Sieh hier“, sagte Jack und reckte seine knochige Faust vor, im gleichen Augenblick bohrte sich diese Faust tief in Brisbins Magen. Der Mann beugte unwillkürlich den Oberkörper schnell und tief nach vorne, Jack ergriff mit beiden Händen seinen borstigen Haarschopf, zog den Kopf mit großer Kraft nach unten und stieß gleichzeitig sein rechtes Knie wuchtig und schnell nach oben. Es traf Brisbins Gesicht mit voller Wucht, es klackte knöchern, und Brisbin stieß einen wilden Schrei aus. Ein zweites Mal zogen die Hände den Kopf nach unten, und wieder stieß das Knie nach oben, und mit weitem Schwung wurde Brisbin zu Boden geworfen.

„Jack!“ donnerte eine Stimme durch die Stille.

Muggins Taylor kam mit kraftvollen Schritten auf den Cowboy zu.

Jack Cowles' Gesicht verdunkelte sich.

„Er hat Frenchy . . ."

„Hattest du nicht Wache, Jack?" sagte Muggins scharf. Paul McCormack kam mit seinem Sattel heraus und hob ihn an einen Nagel. Er sah Jacks Gewehr am Zaun stehen, warf einen kurzen Blick auf den trotzigen Texaner, ging zum Zaun und nahm das Gewehr auf. Er hörte eine rasche Folge von trockenen knirschenden Lauten, einen schweren Fall und heiseres Stöhnen. Er schaute durch die Schießscharten hinaus und sah dann Jack Cowles zusammengekrümmt auf dem Boden liegen. Hinter Frenchy und Muggins schlug die Tür zu. In der Tür des dritten Blockhauses standen Jam Miller und Nat McNash.

„Das Militär sitzt Muggins in den Knochen. Wenn er eine Trompete hätte, würde er Zapfenstreich und Wecken blasen!" höhnte Jam Miller.

Jack Cowles erhob sich schwankend und ging auf Paul McCormack zu, nahm ihm das Gewehr aus den Händen, klopfte den breitrandigen Hut am Schenkel aus und stülpte ihn sich auf den Kopf.

Ein harter Blick aus McCormacks pulvergrauen Augen traf ihn. „Sie sollen den Jungen in Ruhe lassen", knurrte Jack. „Wir alle haben gewußt, daß er ein Greenhorn ist."

„Du bist kein Greenhorn", antwortete Paul McCormack. „Du hast deinen Posten verlassen!"

„Yeah, yeah!" schrie Jack Cowles, und er war weitergegangen, schaute intensiv durch eine Schießscharte zu den Wäldern hinüber und drehte sich dann um. „Hol's der Teufel! Ich weiß es!" — Paul McCormack nickte.

„Dann weißt du ja auch, daß wir morgen früh darüber beraten werden, ob du erschossen wirst."

„Maldido! — Laß mich in Ruhe!" schrie der Texaner und wanderte fröstelnd weiter. Sein Hals schmerzte und sein Kopf. Er schluckte und würgte, denn die Faust von Muggins hatte ihn in Magen und Leber getroffen. Frenchy kam mit einer Kanne Kaffee und einem Topf Fleisch für das dritte Blockhaus über den Platz.

„Ich werde mir deine Ohren an den Gürtel hängen!" rief Les Brisbin, der sich sein blutendes Gesicht abwischte, laut. „Verlaß dich darauf!"

John Beidler sah, wie Paul McCormack sich auf sein Lager warf.

Muggins Taylor war der einzige, der noch auf den Beinen stand und durch eine Schießscharte gedankenschwer hinaus in die Nacht schaute.

„Die Männer werden unwillig", sagte Beidler. „Ich kenne das. Es liegt etwas in der Luft. Wir müssen noch mehr Brandholz schlagen, für den Fall, daß der Winter lang wird."

„Ich denke an die Verpflegung, John."

„Ich auch. Der Pökelspeck ist schlecht. Wir sind auf Wild angewiesen."

Muggins drehte sich um.

„Wir haben kaum noch Salz. Wir können also kein Fleisch auf Vorrat schießen. Deshalb darf nichts passieren, was die Sioux jetzt in Aufruhr versetzt."

„Leicht gesagt. Das haben sich die Banditen, die ich damals in Kansas mit einem Aufgebot verfolgte, auch gesagt, als sie sich in der Kirche verschanzt hatten. Einer von ihnen schoß auf ein grasendes Pony, weil er es in der Nacht für Gott-weiß-was hielt. Ausgerechnet, als wir keine hundert Yards an ihnen vorbeizogen. Wir hätten sie vielleicht nie aufgestöbert, denn die Berge von Colorado waren nahe. Ich habe eine alte Haubitze requiriert. Schrot gab es keins, also nahmen wir einem Zeitungsmann die Bleitypen weg und luden das Ding damit. Denen, die nicht tot waren, holte der Doktor dann die Buchstaben aus dem Leib. So buchstabierten sie zum erstenmal."

„Johann Xaver Beidler, ein grimmiger kleiner Mann, der sein Haupthaar nach seinem Landesvater, König Ludwig II. von Bayern, in Wellen trug, hatte sich im Westen als Lagerbuchhalter, Goldsucher, Packwagenfahrer, Frachtkutscher, Deputy-US-Marshal, Wächter von Goldtransporten und Steuereinnehmer betätigt. In den wilden Bürgerkriegsjahren, als Guerillatruppen beider kriegführenden Parteien Kansas brandschatzten, saß der breitschultrige wilde junge Mann auf der Seite des Nordens bei den sogenannten ‚Kansas-Jayhawkers' im Sattel. Er war so klein, daß ihn die Mündung seiner Schrotflinte etwas überragte, aber was ihm an körperlicher Größe fehlte, das ersetzte er spielend durch die Rigorosität seines Wesens, das einen Riesen von den Haar- bis zu den Zehenspitzen, bis in die letzte Hemdfalte hinein ausgefüllt hätte. So kämpfte er zum Beispiel 1862 Südstaaten-Grenzbanditen, die sich in einer Kirche verschanzt hatten, nieder, indem er eine Sechspfünderhaubitze — in Ermangelung von gehacktem Blei — einfach mit Bleibuchstaben aus einer Zeitungssetzerei lud, die Mündung durch die Kirchentür rammte und die Lunte ans Zündloch hielt. Wer nicht getötet wurde, der hatte die Bleitypen aus den Körpern seiner Gefährten zu pflücken. Als er sich nach Virginia City in Montana wandte, war er des Goldsuchens bald überdrüssig. Er schrieb in sein Tagebuch: ‚Da sich die Leute um nichts anderes als um ihr Gold kümmerten und es den verdammten Banditen daher verdammt leicht gemacht wurde, beschloß ich, die Suche nach Gold aufzugeben und nach menschlichen Schuften zu graben.' Er wurde so fündig, daß es bald kaum einen Baum in der Alder-Schlucht gab, den nicht eine schwarze Seele zierte. Wie bei vielen Westerners dieser Tage, war seine Sprache voll von tiefgründigem Humor, der oft den Nagel auf den Kopf traf. Seine Redensarten wie ‚. . . er saugte ein neues Lächeln aus der Ginflasche' oder ‚. . . mein Freund fiel in den Schlaf der Unschuldigen

 John Xaver Beidler, 1878

und schnarchte wie eine Kirche voll von Mormonenweibern', sind Dauerbestandteil der Western-Umgangssprache geworden."

A. B. Guthrie jr. in: Beidler, Vigilante, 1957

Muggins hängte seinen Hut und die Pelzjacke an einen Nagel und legte sich wie die anderen, mit Revolvern bewaffnet, auf sein Lager.

„Was — ich meine —, es war doch sehr nett von Jack, daß er mir — geholfen hat", sagte Frenchy zögernd, der nun als letzter ins Haus trat und zu Muggins hinüberblickte.

„Er hatte Wache", erwiderte Muggins kühl.

„Was — was wollt ihr denn nun mit ihm —, ich meine ..."

„Du wirst Jack in vier Stunden ablösen. Genau um Mitternacht, verstanden, Frenchy?"

„Ich? — Wache?"

„Du. Damit du es auch lernst."

„Oui, Boss, certainement — sicherlich, oh, es ist so romantisch, wenn man auf den Fluß — hinaus — schaut ..." Frenchy verstummte und kaute auf der Unterlippe.

„Hast du Angst?" fragte Muggins.

„Angst? — Hm, ich weiß nicht, Boss — ich, ich — oui, ich glaube schon — weil ich es nicht kenne, verstehst du."

„Frenchy, wenn die Sioux einen Weißen erwischen, so hacken sie ihm die Hände und die Füße ab. Sie schneiden Nase und Ohren weg, schlitzen ihm die Oberschenkel und Oberarme von Gelenk zu Gelenk auf ..."

„... hör auf, Boss!" flüsterte Frenchy bleich.

„... skalpieren ihn und schlitzen seinen Leib vom

Brustbein bis zum Nabel auf, reißen das Herz und die Därme heraus und schießen den Körper voll Pfeile, daß er wie ein Kaktus aussieht."

„Das alles hat eine bestimmte Bedeutung für sie", sagte Jack McCormack. „Ich habe viele Weiße so im hohen Buschgras liegen sehen. Zum Beispiel Lieutenant Lyman Kidder, der ein Greenhorn wie du war, am 2. Juli 1867 in der Nähe des Beaver Creeks. Und mit ihm zehn junge Burschen. Keiner von ihnen war mehr zu erkennen."

„Deshalb also sammelt ihr Skalps", stieß Frenchy hervor.

McCormack nickte.

„Auch. Vielleicht ist der Tag gar nicht mehr so weit weg, an dem du mehr Bedürfnis danach verspürst, einem Sioux langsam und bedächtig den Skalp abzuziehen, als nach deinem geliebten Frankreich zu kommen."

Der hagere Scout drehte sich wieder auf die Seite und schlief weiter.

Es schien, als besäße er einen Sinn, der selbst im Schlaf alles, was um ihn herum geschah, sorgfältig registrierte. Er und sein Bruder schliefen, ohne einen Laut von sich zu geben. Man konnte sicher sein, daß der leise Ruf „Sioux" genügt hätte, sie innerhalb des Bruchteils einer Sekunde aus tiefstem Schlaf hellwach und mit schußbereiten Waffen bereit zum Kampf zu sehen.

„Du wirst sehr sorgfältig deine Augen anstrengen, Frenchy", sagte Muggins Taylor. „Was du nicht kennst, wirst du in dieser Nacht lernen. Du hast Wache bis zum Morgen. Präge dir jede Einzelheit der Landschaft ein. Es kommt manchmal auf einen einzigen Grashalm an. Schieße nur, wenn dir ein Bowiemesser schon die Haut ritzt. Nicht eher, hast du verstanden?"

Frenchy nickte.

„Es ist falsch", sagte Dave Poker, der Spieler vom Mississippi, der sich jeden Morgen rasierte und sorgfältig kämmte und seine Stiefel polierte, als befände er sich in der Luxuskabine eines Mississippidampfers. „Ich wollte das Pokern auch an einem Abend lernen. Das hat mich nicht nur eine Erbschaft gekostet, mit der man den halben Himmel hätte bezahlen können, sondern auch denen, die mir die Karten in die Hände drückten, das Leben. Frenchy ist gut für Kannen und Töpfe und für das Gemüt eines Mannes, der müde geworden ist."

„Frenchy?" fragte Muggins Taylor. „Was sagst du dazu?"

„Ich gehe auf Wache — natürlich — oui."

„Dann lösche jetzt die Lampe!"

Frenchy drehte den Docht herunter. Das Licht verlöschte.

Die Nacht war voll vertrauter Geräusche. Im Uferschilf raschelte sanfter Wellenschlag. In den Wipfeln der Wälder wiegte sich ein leichter Wind, der mit leisem, sanft an- und abschwellendem Flüstern durch die Wellen des hohen Grases strich. Hin und wieder hörte man den Flügelschlag eines aufsteigenden Nachtvogels oder das jaulende Heulen eines einsamen Timberwolfes im Gesträuch. Auf der Feuerstelle brannten die Birkenscheite langsam nieder, und jedesmal wenn eine starke Holzfaser von der Glut aus ihrem Geflecht gelöst wurde, gab es einen leisen knallenden Ton, dem das Zischen verdampfenden Harzes folgte, und ein aufstiebender Funkenregen erhellte für einen winzigen Augenblick die Dunkelheit in der Hütte.

Draußen in der Stille war das metallische Tönen der Sporen des Cowboys zu hören. Außer ihm trug niemand Sporen. Sie waren nicht nur unnütz, sondern auch sehr hinderlich beim Holzschlagen und bei der Jagd. Aber der Cowboy hätte sich um nichts in der Welt von ihnen getrennt. Ein Texaner ohne Sporen war für ihn kein Texaner. Wie ein Pferd ohne Brandstempel ein besitzerloses Pferd war, so wäre er ohne Sporen ein Mann ohne Herkunft gewesen.

Allmählich floß Kälte durch die Schießscharten, und die Männer bedeckten sich im Schlaf mit ihren schweren Pelzmänteln. Frenchy hockte auf seinem Lager, den Rücken gegen die Wand gelehnt, und grauenvolle Bilder durchgeisterten seine Phantasie. Aus den anderen Blockhäusern drang dumpfes Schnarchen in die Nacht. Diese Nacht war lang, und hinter den Wäldern gab es drei Sioux-Dörfer mit zweitausend Kriegern, von denen man vierzehn Tage lang nicht einen Laut gehört, nicht einmal die Spitze einer Feder gesehen und nicht die Spur jenes typischen Geruchs von Rauch, Pferdedung und ranzigem Büffelfett wahrgenommen hatte. Mehr als zweihundert Meilen im Westen lag die erste weiße Siedlung. Sie hätte ebensogut auf einem der tausend glitzernden Sterne am Himmel liegen können. Das Gefühl der drohenden Gefahr war wie ein unförmiges Ungeheuer, das das kleine Fort von allen Seiten her allmählich durchdrang, sich auf Trommelfelle legte, in Kehlen Knoten bildete, eherne Ringe um Schädel schmiedete, Mägen zusammenpreßte und wachsame Augen zum Glühen brachte.

III. Kapitel

Der Mannschaftskoch aus Frankreich

„Was wissen die Burschen unter Zylindern und hinter Kneifern eigentlich von Wildtieren? Nicht das Schwarze unterm Nagel. Aber sie setzen sich hin und schreiben ganze Bücher darüber. Wölfe bilden Sippen wie Indianer Horden. Und wie bei den Indianern hat jedes Tier ganz bestimmte Aufgaben. Beim Wandern haben sie Späher und Nachhut, in der Nacht beim Lagern Wachen, die sich gegenseitig ablösen. Ich weiß, daß Wölfe fröhlich und traurig sind — ich habe sie lachen und weinen sehen, aber nicht mit dem Gesicht oder den Augen, sondern mit den Beinen. Sie haben gute und weniger gute Eigenschaften, und ein Wolf nimmt in der Sippe ganz die Stellung ein, die seinem Charakter entspricht. Da gibt es den temperamentvollen Harlekin, der die ganze Sippe wie in einem Theater unterhält, der viel heult und bellt und wenig beißt. Es gibt die Anführer, die das Maul weit aufreißen und nichts als Vorteile für sich wollen. Es gibt aber auch welche, die wirkliche Anführer sind, Es gibt Kavaliere, die die Weibchen schützen, und Schufte, die ihnen nachstellen. Es gibt Schulmeister, die die Kleinen alles lehren, was wichtig ist, und Verführer, die sie abseits locken und fressen. Wie bei den Indianern haben die alten Weibchen zu bestimmen, was zu geschehen hat, und die Männchen bestimmen, wie es zu machen ist. Alles gehört jedem, aber wehe, wenn einer den persönlichen Bodenraum, den ein anderer als sein Eigentum betrachtet

wie ein Indianer sein Tipi, nicht respektiert. Das, was bei Wölfen als wildes Durcheinander bei der Jagd aussieht, ist in Wirklichkeit eine Strategie, die bis ins kleinste vorbereitet ist. Oberstes Gebot ist, daß man immer nur das kleinste Risiko eingeht, indem man kranke oder junge Tiere jagt, Einzelgänger oder vom Rudel Versprengte. Wölfe pflegen ihre Kranken und bestrafen Außenseiter. Sie begreifen schnell, wenn sie gejagt werden. Deshalb wechselt ein ‚Wolfer' stets die Taktik, wenn er einer bleiben will. Ich habe sie zehn Jahre lang gejagt, und das mit beträchtlichem Erfolg; aber seit ich sie richtig kenne, beobachte ich sie nur noch, und ich jage lieber Menschen, denn die sind zum Kotzen."

Philip M. MacDermott, Trapper, Northwest-Company
Fort George, an John George
McTavish Esq. am 10. Juni 1815

Der Cowboy betrat zähneklappernd den Raum und sagte: „Es ist Zeit!" Er zündete die Lampe an, und Frenchy, der gerade eingeschlafen war, kroch von seinem Lager. Verblüfft blickte Jack Cowles sich um. Niemand rührte sich. Alle schliefen, tief unter ihren Mänteln verborgen. „Du, Frenchy?"
„Oui, Jack, ich."

Jack schüttelte den Kopf.

„Ist noch Kaffee da?"

„Warte, ich gebe dir . . ."

„Laß schon. Zieh dich warm an, es ist saumäßig kalt. Deine Jacke ist zu dünn. Hier, nimm meinen Mantel." Jack nahm seinen Wolverinmantel und warf ihn über den Tisch.

„Aber nein", wehrte Frenchy ab. „Den brauchst du, um dich zuzudecken."

„Rede nicht", erwiderte Jack grob und schenkte sich aus der Kanne etwas kalte Kaffeebrühe in einen Zinnbecher. „Ich habe die meiste Zeit meines Lebens nachts auf einem Tucson-Bett geschlafen.“

Frenchy wollte den Revolvergurt umschnallen und dann den Pelzmantel anziehen.

„Nein, nein, Frenchy, du mußt ihn über den Mantel schnallen. Das ist wärmer und du hast ihn auch schneller zur Hand. Woher hast du den alten Schießprügel eigentlich? Navycolt Modell 1851. Verrückt. Der reißt dir ja die Hand weg, wenn du damit schießt. Hast du überhaupt schon daraus geschossen?“

„Nur wenig, Jack, ich hatte kaum Gelegenheit“, Frenchy lächelte, und er schüttelte seine braunen Locken. „Ich bin, offen gestanden, ganz froh darüber.“

„Oh, Junge, du bist schon ein trübes Gewächs. Das Gewehr steht draußen vor der Tür. Steck eine frische Patrone in den Lauf. Die Luft ist feucht. Die Patronen sind nicht sehr dicht. Sobald das Pulver feucht wird, geht es nicht mehr los. Hast du Patronen?“

„Nein.“

„Oh, grundgütiger Jason, er geht ohne Patronen auf Wache. Mensch, steck dir einen Pack ein.“

Das tat Frenchy. An der Tür fragte er: „Was ist ein Tuscon-Bett, Jack?“

„Wenn Mutter Erde die Matratze ist und man sich mit dem Himmel zudeckt. Hau ab; und halte die Augen auf!“

Frenchy trat hinaus in die Kälte.

Als er die Gestalt am Palisadenzaun erblickte, durchfuhr ihn ein eisiger Schreck, und er riß das Gewehr hoch. Eine leise dunkle Stimme lachte glucksend.

„Ich bin es, Frenchy, Nap.“

Frenchy ließ das Gewehr sinken. Er konnte sich einen Augenblick nicht bewegen. Sein Pulsschlag klopfte im Halse. Der mächtige Neger kam, in eine Jacke aus Pumafell gehüllt, mit breiten ausladenden Schritten auf ihn zu.

„Ich konnte nicht schlafen. Die Nacht ist so wundervoll klar. Ich werde mit dir die Runde machen."

„Nein, Nap, das geht nicht. Du hast den ganzen Tag Holz geschlagen. Mehr als alle anderen."

„Nicht, weil es mir Spaß macht, Frenchy."

Sie kamen am Palisadenzaun an und schauten durch die Schießscharten.

„Warum denn dann soviel, Nap?"

„Warum? Nun, das steckt noch in einem."

„Was?"

„Die Sklaverei, Frenchy. Sobald mich blaue Augen ansehen, muß ich arbeiten, egal, was es ist. Und es ist zehn Jahre her, seit sie es abgeschafft haben."

„Du stammst aus dem Süden, nicht wahr?"

„Louisiana. Um diese Jahreszeit habe ich bis an die Hüften im warmen Fluß gestanden. Als ich den ersten Schnee hier im Norden sah, habe ich ihn mir in die Tasche gesteckt und wollte ihn behalten."

„Du, die Pferde sind so unruhig", sagte Frenchy erregt.

„Ach was, sie frieren und bewegen sich deshalb. Erzähle mir von Frankreich, Frenchy. In Louisiana waren viele Franzosen. Der Herr meiner Mutter war einer. Ihm zu Ehren taufte sie mich Napoleon."

Während Frenchy Geschichten aus der Normandie erzählte, wanderten sie am Palisadenzaun entlang. Plötzlich stieß Frenchy einen hellen Laut aus.

„Da hinten, Nap, am Rand des Waldes, dicht vor den gefällten Stämmen!"

„Das sind Antilopen. Im Mondlicht sehen sie wie Pferde mit Reitern aus. Keine Sorge, junger Freund, Indianer rieche ich eine halbe Meile gegen den Wind. Und ich sage dir, daß ich nichts von ihnen rieche. Also sind auch keine da."

Der kalte Wind, der von Norden zu wehen begann, wurde schärfer und eisiger.

„Warum hast du eigentlich hier mitgemacht, Frenchy? fragte Nap Mattis.

„Sie suchten einen Koch. Sie fanden keinen, und ich war den Krach der Grenzstädte leid."

„Was tust du überhaupt im Westen?"

„Meine Lunge war nicht in Ordnung."

„Schwindsucht?"

„Weiß ich nicht. Aber so etwas muß es gewesen sein. Sie schickten mich nach Texas. Aber da war es mir zu heiß. Weißt du, ich stamme aus der Normandie, da ist das Klima immer rauh und feucht . . . da, Nap, da sind sie!"

Frenchy riß das Gewehr hoch und steckte es durch eine Schießscharte.

Der Neger legte seine schwere Hand auf das Gewehr und schüttelte den Kopf.

„Das sind Wölfe, Frenchy."

„Wölfe?" stieß Frenchy hervor.

„Wo eine Antilope ist, sind immer auch mehrere. Die Wölfe kreisen sie in aller Stille ein. Diese da werden jetzt warten, bis der Rudelwolf das Zeichen gibt. Dann treiben sie das Rudel aus dem Wald hinaus aufs freie Land. Die Antilopen wissen dann, daß ihnen nur der Fluß bleibt. Wölfe haben Angst vor Wasser. Ich habe sie nur einmal in meinem Leben schwimmen sehen. Das war bei einem Waldbrand. Da, hörst du?"

Irgendwo im Wald war das langgezogene schrille Heulen eines Wolfes zu hören, das mit zwei rasch aufeinander folgenden Bellauten endete. Gleich darauf brach ein Rudel Antilopen aus dem Dickicht, von allen Seiten von rasend dahinhuschenden langen Schatten verfolgt.

„Sie halten genau auf den Fluß zu. Sieh, wie schnell sie sind. Jeder hat seine bestimmte Aufgabe. Die kennt er und erfüllt sie. Genau wie wir hier im Fort."

„Ihr jagt Geschäften nach."

„Dem Glück, Frenchy. Jeder jagt ihm nach. Siehst du da hinten die zwei Wölfe? Sie greifen nicht an, obwohl sie auf gleicher Höhe mit den Antilopen sind. Sie drängen sie genau auf die Stelle zu, wo unsere Wölfe warten."

Es war ein Rudel von etwa zwei Dutzend Antilopen. Voran raste in pfeilschnellem Lauf ein riesenhafter Bock mit einem gewaltigen Schraubengehörn.

„Acht Jahre alt", knurrte Nap Mattis, „ein prachtvoller Bursche. Schade, daß es mehr als dreihundert Yards sind. Ein Schuß lohnt sich nicht. Es wäre doch nur ein Zufallstreffer bei diesem Licht. Das täuscht sehr. Die Jungens würden nur aufwachen und uns die Ohren langziehen. Paß auf, ganz hinten, das sind die Jungen. Die werden ihr Leben lassen!"

Frenchy hob das Gewehr.

„Nein! Laß das! Die Jungen wollen schlafen. Die Wölfe sind hungrig."

„Aber sie werden sie zerreißen, Nap!"

„Sicher", nickte der Neger, „so ist das, und so ist es richtig!"

Die ersten Antilopen sausten in das aufspritzende Wasser des Flusses. Die drei Wölfe an den Eichensträuchern lagen geduckt auf dem Boden. Die Wölfe hatten eine Gasse gebildet und verständigten sich durch Heul- und Bellaute. Die Tiere, die die Seite der Gasse bildeten, jagten nur hin und her. Den Schluß des Antilopenrudels bildeten ein halbes Dutzend junger Kälber.

„Paß auf jetzt, Frenchy", flüsterte der Negertrapper, „jetzt ist ihre Zeit!"

Die drei Wölfe schossen wie von der Sehne geschnellte Pfeile davon, mitten in das Rudel hinein, und trennten die Jungtiere, die sich erschreckt herumwarfen, vom Hauptrudel, das sich nun ganz in den aufspritzenden Gischt stürzte.

Von allen Seiten jagten nun die Wölfe auf die Jungtiere zu, und man konnte deutlich die weißen Krümmungen ihrer Reißzähne sehen. Diese Reißzähne schlugen sich in Kehlen, verbissen sich in Schenkeln, Brust und Rücken. Die Jungtiere schrien gellend auf. Knochen knirschten, Fleisch riß unter dem fauchenden Knurren vieler Wolfsrachen.

„Da hinten, Frenchy!" Nap deutete auf eine große Kuh, die müde herangehumpelt kam und dann stehenblieb, „ein ‚Schaukelpferd-Tier'. Es hat vielleicht eine verrenkte Schulter, meistens von Geburt an. Ein Krüppel. Es gibt viele Krüppel unter ihnen. Manche kriegen zu wenig Luft, weil sie Lungenabszesse haben, andere sind ‚müde' Tiere. Die haben die Därme voll von Bandwürmern!"

Vier Wölfe stürzten sich auf die Kuh, die ergeben und müde die Beine spreizte und den Kopf senkte. Ein Wolf riß ihr die Kehle auf, und Frenchy sah, wie ein handdicker dunkler Strahl aus dem Körper hervorschoß. Gleichzeitig fetzte ein zweiter Wolf die Bauchdecke auf, und die warmen, rauchenden Därme quollen hervor. Die beiden anderen Wölfe schlugen die Zähne in das Rückgrat der Kuh, und Frenchy hörte das Mahlen und Brechen von Knochen. Das Tier sank auf die Knie und fiel dann mit einem hohlen Röcheln nieder.

„Wie kannst du Koch sein und dich schütteln bei so etwas", sagte Nap Mattis lächelnd. „So geht es den Schwachen, Frenchy. Man darf nicht schwach sein, wenn man leben will. Die Sioux hinter den Wäldern sind wie diese Wölfe."

Minutenlang war bis zu den beiden Männern hinüber das Reißen von Fleisch zu hören, und über den Stellen stand der warme Dampf erkaltender Körper, der sich mit dem heißen Atem der schlingenden Wölfe mischte.

„Es könnte sein, daß du die Wahl hast, ein Wolf oder

ein Stück Wild zu sein, Frenchy“, sagte Nap Mattis. „Vielleicht bald.“

Frenchy nickte heftig und umklammerte die schwere Büchse.

Nap deutete auf die Blockhäuser und dann auf sich selber.

„Wir sind auch Wölfe, Frenchy. Ich will so viel Geld haben, daß ich mir einen Streifen Land am Ufer des Mississippi kaufen kann. Deshalb bin ich hierhergekommen. Vielleicht bin ich aber jetzt nur noch hier, um wieder lebend aus dem Fort hinauszukommen.“

„Sieht es denn wirklich so schlecht aus? Ich kann das gar nicht glauben.“

„Solange Wölfe satt sind, kann man sogar mit ihnen spielen. Aber wehe, wenn sie hungrig werden. Oder wenn man ihnen etwas nehmen will, das ihnen gehört. Wölfe haben einen großen Sinn für Eigentum. Keiner nimmt einem anderen weg, was ihm gehört. Und wenn er es tut, so gibt es sofort Kampf. Es gibt manche Häuptlinge unter den Sioux, die klug sind. Wenn diese da solch einen Häuptling haben, wissen sie jetzt auch, warum wir das Fort gebaut haben. Kein Wolf läßt zu, daß ein anderer in seinem Revier ein Stück Fleisch vergräbt. Und den Schwachen, Frenchy, wird zuerst der Bauch aufgeschlitzt!“

„Tröstlicher Gedanke“, Frenchy lächelte verzerrt.

Nap schüttelte den Kopf und legte seine Pranke beruhigend auf Frenchys Schulter.

„Ich habe einen Mann gekannt, der war so schwach, daß ihn ein Halbwüchsiger umblasen konnte. Aber er hatte gute Waffen, eine schnelle Hand und sehr harte Nerven. Er war ein sehr starker Mann, Frenchy. Dein Gewehr ist gut. Dein Revolver auch. Und wenn du die Pfanne schwenkst, so machst du das verteufelt schnell.“

„Ich habe keine guten Nerven, Nap.“

„Träumen ist sehr schön. Ich träume gern. Ich träume oft. Wenn ich weiß, daß ich es mir erlauben kann. Von einem großen Baumwollfeld mit zwanzig schwarzen Pflükkern. Von einem Haus aus dem Holz des Regenbaums. Von einer guten Frau wie Nancy eine war. Und von vielen Kindern. Ich träume von den langen heißen Nächten am großen Fluß und von den Geschichten, die er einem erzählt, der alte Mann, wenn er in seinem Bett ruht, bevor ihn die Stürme wecken. Es ist schön, mit seinen Füßen im warmen Uferschlamm zu stehen und Gott zu danken, daß er Wolken über das Haus treiben läßt." Nap Mattis atmete den mächtigen Brustkorb voll der klaren kalten Luft und blickte über die Spitzen der Palisadenstämme hinauf in den pflaumenfarbenen Himmel. „Ich träume davon, daß ich meinen Rücken zur Erde krümme, den ganzen Tag, und mich vor ihrer Fruchtbarkeit verneige."

„Das hast du schön gesagt, Nap."

„Ich habe es mal gelesen."

„Ich weiß, daß du ein Buch hast."

„Die Bibel, Frenchy. Sie ist das schönste Buch. Man braucht statt der biblischen Länder nur Amerika darüberzuschreiben, und es ist, wie es hier und jetzt ist. Aber träumen, Frenchy, das kann man nur, wenn die Zeit ist."

Mit einer blitzschnellen Bewegung fuhr Naps Hand in den Gürtel, ein heller, metallischer Blitz zuckte durch die Luft, es gab einen schrillen, quietschenden Laut und den harten Aufschlag, mit dem sich die schwere scharfe Klinge in das Holz eines Blockhauses bohrte.

Nap ging hinüber, zog die Klinge mit einem heftigen Ruck aus dem Holz und kam zurück.

„Eine Ratte", sagte er und hielt das Bowiemesser, auf dem eine große Ratte aufgespießt war, gegen den hellen Himmel. Das Tier zuckte. Nap streifte es am äußeren Rand einer Schießscharte ab, und es fiel jenseits des Palisadenzauns zu Boden. „Weißt du, warum sie nicht schnell genug war?“ — Frenchy schüttelte den Kopf.

„Sie hatte zuviel gefressen. Von unserem Futter. Wenn wir Glück haben, kommt eine Büffelherde in dieses Gebiet, um zu überwintern. Die Wälder sind gut für sie. Die Indianer essen, solange sie schlucken können. Dicke Bäuche sind bessere Ziele als dünne.“

„Vor allem wären sie dann müder.“

„Eben. Aber ich glaube, daß sie noch vor dem Frühjahr kommen werden. Schieße nie auf das, was du hörst, sondern was du siehst. Ich gehe jetzt die Runde zurück. Wir kommen uns entgegen.“

Frenchy legte das Gewehr in die Armbeuge und schritt am Zaun entlang. Eine halbe Stunde lang hörte man noch die Wölfe, dann war es still. Nach einer weiteren halben Stunde drehte sich Frenchy um und ging Nap Mattis entgegen. „Dein Lager wird kalt, Nap“, sagte er lächelnd.

Skeptisch blickten die schwarzen Augen auf ihn nieder.

„Es ist meine Wache“, sagte Frenchy.

Da nickte Nap, legte seine Hand auf Frenchys Schulter und ging zu seinem Blockhaus. Von der Tür aus winkte er Frenchy zu.

Als Nap den Mantel über sich zog, hörte er draußen die seidige Stimme Frenchys leise singen, genau im Rhythmus seiner Schritte, die in regelmäßigen Abständen pausierten. Nach jedem vierten Schritt eine Pause.

Im anderen Blockhaus richtete sich Muggins Taylor auf und lauschte.

„Die Krallen wachsen ihm rasch“, sagte John Beidler mit leisem Lachen.

„Dieser Westen ist der Himmel für Männer und Pferde, aber die Hölle für Frauen und Hunde. Es war eine ganz einfache Geschichte, wie ich zum Freudenmädchen wurde: kein Geld mehr, als mein Verlobter erschossen wurde, ein

Baby und Hunger und die Wahl, entweder den ersten besten Kerl zu heiraten und mich wie ein Hund schlagen zu lassen oder dem selben Kerl für eine Stunde mehr Geld abzunehmen, als er seiner Frau in ihrem ganzen Leben gegeben hätte. Alle diese Männer sind Raubtiere, die sogar Zähne an den Händen haben. Nur Frenchy war eine Ausnahme. Er hieß Étienne, er hatte Augen wie ein Engel und war selbst im Traum noch fröhlich, weil er keine Schwindsucht mehr hatte. Er sprach wie ein Dichter, war zart wie eine Jungfrau, empfindsam und liebte alles, was sich bewegte. Er gab mir zehn Dollar, legte sich mit mir ins Bett und erzählte vier Stunden von Frankreich, bis ich glaubte, daß Gott ein Franzose und die Normandie das Paradies ist. Und dennoch war er ein Mann, ein richtiger Mann, bei dem alles da war, wo es hingehörte. Aber ein Mann, für den die Welt viel größer und das Leben viel schöner war als für alle Amerikaner, die an nichts als an Geld denken können. Vier Stunden in meinem Leben war ich eine Lady, eine Fürstin, eine Frau mit Flügeln, für die Amerika nicht einmal mehr ein Alptraum bedeutete. Dann kam ein Tag, da Frenchy mit seinem alten Revolver einen Mann erschoß, dastand und weinte, und ihn die ganze Stadt deshalb auslachte. Ich hasse alle Männer, die nicht weinen können, wenn sie töten. Und ich würde zu Fuß nach Feuerland gehen, wenn ich wüßte, daß ich dort Frenchy finden könnte.“

Nancy-Anne St. John's „Diary of a Redlight Shadow“,
Deadwood, Dakota, 1876

IV. Kapitel

Ein Siouxkrieger macht einen Freundschaftsbesuch

„Ich war ein kleines Mädchen und lief oft von zu Hause weg zum Zeltdorf der Oglalla-Sioux, die mich die ‚Kurz-Pelzige‘ nannten, weil Mutter uns Kindern das Haar kurz schnitt. Als an einem Sonntagmorgen ein greller Blitzstrahl mit ohrenbetäubendem Donnerschlag in die Erde fuhr und ich nach Hause rennen wollte, hielt mich der Anblick eines alten Indianers wie angewurzelt auf der Stelle fest, der aus einem Tipi kam und auf den Händen lief, die in Mokassins steckten. Seine Füße waren nackt und gestikulierten. Langsam wanderte er auf den Händen den Kreis des festgetretenen Lagerplatzes entlang, mit zeremonienhaften Gesten und Lauten, während es blitzte und donnerte und einige der Indianer ihn lachend und singend umringten. Alles an dem alten Manne war ins Gegenteil verkehrt. So trug er Hose und Hemd verkehrt herum und eine Maske mit großen Augen und einer langen Nase bedeckte seinen Hinterkopf. Bald war das Trockengewitter vorüber, und die Frauen hielten heißen Kaffee für den alten Mann bereit, der, wie ich später erfuhr, ein ‚Heyoka‘ — ein ‚Entgegengesetzter‘ — war. Er gehörte zu jenen sonderbaren Heiligen, die während der Pubertätsfastenzeit von Blitz und Donner geträumt hatten und sich seither die Aufgabe zuschrieben, sich selbst und die Sippe vor Gewittern zu schützen, indem sie alles Menschliche in entgegengesetzter Weise taten. So ritt ein Heyoka auf dem

Pferd mit dem Rücken nach vorn, er lief auf den Händen und richtete Pfeil und Bogen gegen sich selbst. Der Anblick eines Heyokas und seiner Verrücktheiten machte niedergedrückte Herzen leichter, ließ die Menschen seines Stammes Schrecknisse mit Lächeln ertragen. Der Heyoka erinnerte so den Menschen an das Gleichgewicht der Natur. Das Gewitter, das einerseits Menschen vernichtete, ließ andererseits das Gras erblühen und damit die Büffelherden wachsen. Eine Seuche, die einen Stamm befiel und Menschen leiden machte, hielt seineFeinde andererseits von ihm fern. Der Heyoka erinnerte die Menschen daran, daß nichts in der Welt zerstörerisch war, ohne nicht gleichzeitig bewahrend und hervorbringend zu sein. War es Sitte, einem Freunde am hellen Tage ein Geschenk zu machen, indem man ihn schon von weitem anrief, so überreichte der Heyoka sein Geschenk in der Nacht und erschreckte damit den Freund."

Mari Sandoz in: These Were the Sioux, 1961

Stunde um Stunde wanderte Frenchy das Carré des Palisadenzaunes ab. Fünfzehn Yards mal fünfzehn Yards (etwa 210 qm). Und ununterbrochen schweifte sein Blick durch die Schießscharten ins Land, den Yellowstone River entlang, der den westlichen mit dem östlichen Horizont verband, über den breiten Fluß hinweg nach Süden, wo das sanft ansteigende Ufer im erstarrten Grasozean der Ebene endete, an deren Rand sich die schneebedeckten Gipfel der Berge in den Himmel reckten.

Nach Norden zu den Hügeln, die mit dichten Wäldern bedeckt waren. Ein endlos weites und fruchtbares Land!

Aber ehe ein Mann ein Haus bauen konnte, mußte er die Erde mit seinem Schweiß und seinen Tränen tränken, und oft auch mit seinem Blut.

Die Nacht war mit jener bewegten Stille der Wildnis

durchsetzt, die in allen Sträuchern nistete, die im Uferschilf raschte und im trockenen Kies des Flußbettrandes knisterte. Der Mond hatte einen großen Bogen beschrieben und leuchtete nun über der Mündung des Big-Horn-Flusses. Dahinter waren endlose Bergketten, und dahinter Täler und wieder Ebene und wieder Berge, Hügel, Spalten, Flüsse und Wälder. Und dahinter eine Siedlung, die aus siebzehn Häusern, einer kleinen Kirche, knapp hundert Seelen und ebensoviel Gewehren bestand und sich Billings nannte.

Frenchy sah seinen weißen Atemdunst in der kalten Luft aufsteigen und von dem scharfen Windsog, der über die Palisaden strich, zerstäuben.

Der Morgen kündete sich in einem Meer von gelblichem, rosig angehauchtem Nebel an, der langsam vom Fuß der fernen Berge über die Wälder kroch und in die Einschnitte zwischen den Hügeln floß. Wie ein Fächer breitete sich rosafarbener Dunst über den östlichen Horizont aus.

Frenchy begann schneller zu gehen, schneller durch die Schießscharten zu schauen, schneller zu singen, und er schlug immer öfter die behandschuhten Hände zusammen. Das war die Zeit der grimmigsten Kälte. Bald würde sie wieder von der Wärme des heraufdämmernden Tageslichtes gemildert werden.

Im Pferdekorral begannen Hufe zu stampfen. Maultiere schnaubten.

Nun mußten sie sich bewegen, dachte Frenchy, und er schaute hinüber zu der Waldschneise, aus der die Antilopen gekommen waren. Es gab wohl kein Wesen, das jemals in einem Stall gestanden hatte und das jetzt bewegungslos verharren konnte. Von Norden her wehte ein scharfer Wind. Er führte spurenweise einen erdfremden Geruch mit sich. Frenchy sah einen Schatten über den Uferkies huschen. Aber als er genau hinsah, glaubte er, sich getäuscht zu haben. Nichts rührte sich. Der Wind kräuselte die Oberfläche des träge dahinfließenden Stroms.

Frenchy schüttelte den Kopf.

Er dachte an Naps Worte über die Nerven eines Mannes in der Wildnis. Er öffnete den Mund, um zu singen, aber er brachte keinen Ton hervor. Er wollte zur nächsten Schießscharte gehen, aber er rührte sich nicht vom Fleck. Er starrte zum Korral hinüber, der aus drei Wänden von dicht aneinandergereihten Stämmen bestand. Nun schnaubten auch die Pferde.

Stand der Busch denn nicht vorhin irgendwo ganz anders?

Der Wind ließ plötzlich nach. Die Schaumperlen auf dem Wasser versanken. Frenchy spürte heißes Pochen in seinen Halsschlagadern. Er hatte das Gefühl, als stehe jemand auf seinen Zehen. In den Schläfen stach es wie mit tausend Nadelstichen. Die Gegend um den Korral, der dicht am Fluß stand, war von einem seltsamen Leben erfüllt, das man weder sah noch hörte, sondern nur spürte.

Die Wände der Blockhäuser waren dick und dicht. Das Schnarchen der Männer drang nur sehr leise nach draußen.

Hatte sich da hinten der Wacholderstrauch nicht wieder bewegt? War das noch ein natürliches Rascheln in den Birken? Frenchy wischte sich über die Augen.

Er war so müde, daß sie ihm automatisch immer wieder zufielen. Seine Knie waren weich, die Gelenke schwer. Gähnkrämpfe zerrten an seinen Kiefergelenken. Sein Hut war zehn Pfund schwer geworden.

Der neue Tag schlich wie ein Dieb über den Rand einer Ewigkeit.

Frenchy lehnte am Palisadenzaun und stützte beide Hände auf die Mündung des Gewehrs. Wie machten sie es nur, daß sie niemals müde waren, wenn sie es nicht wollten? Woher nahmen sie diese unbändige Kraft und Konzentration? Zum Beispiel Jack Cowles. Sein Gesicht war so zerschlagen, daß er ein neues haben würde, wenn es geheilt war. Aber Jack Cowles schlief tief und fest. Und wenn es nötig war, würde er im Bruchteil einer Sekunde hellwach und kampfbereit sein. Als ob seine Augen nicht einmal mehr Zeit brauchten, sich vom Nichts des Schlafes an das Jetzt zu gewöhnen.

Frenchy dachte an seine Lunge. Sie war ausgeheilt, vollkommen ausgeheilt. Er konnte atmen ohne Schmerzen. Er spuckte seit langer Zeit kein Blut mehr. Texas und Montana, das war seine Medizin gewesen. Frenchy schaute müde durch die Schießscharte. Wo war der Wacholderstrauch? Es gab keinen Wacholderstrauch mehr. Er war weg! Spurlos verschwunden! Eine Sinnestäuschung? Ein Bett müßte man jetzt haben. Ein großes, breites Bett mit schneeweißen Laken und vielen Decken darauf. Und gewaschen müßte man sein, sacre dieu, mit feiner Seife, und ein schwarzes Mädchen müßte einem den Rücken waschen.

Die Blockhäuser lagen dunkel und gedrungen innerhalb des Zaunes, wie geduckte Raubtiere in einem Käfig.

Irgendwo im Gras befanden sich die Knochen der zerrissenen Antilopen, an denen längst kein Fleisch mehr war. Und irgendwo im Wald ruhten Wölfe mit prallen Bäuchen und würden vierzehn Tage schlafen. Frenchy ging weiter. An dem schweren Tor vorbei. Seine Hand glitt über den massiven Riegel. Es gab auf der ganzen Welt nur dieses Stück Fluß, dieses Stück Ufer und das kleine Fort. Und ihn, Matthieu Étienne Beaumont, genannt Frenchy. Und zweitausend Sioux, die Weißen die Bäuche aufschlitzten.

Frenchy hatte plötzlich ein atembeklemmendes Gefühl. Er konnte sich nicht rühren. Er hatte das Bild des

Mannes vor seinem geistigen Auge, der mit seiner Kugel im Leibe zusammengebrochen war. Zuerst sah er nur den Mann, einen großen, schweren Mann mit buschigen Augenbrauen und kraftstrotzendem Nacken und einem breiten Mund. Er sah, wie er lachte, und er hörte die Worte, die ihm alle Scham, allen Zorn, alle Verzweiflung und allen Mut in den Kopf trieb, deren er fähig war. Das Mädchen lehnte bleich an der Hauswand. Der Mann stand auf der Straße, und er, Frenchy, griff zum Revolver. Damals war es ein 38er. Eine mittelschwere Double-Action Waffe. Aber für diesen Mann war er viel zu langsam. Plötzlich hielt der Mann seinen großen Wells Fargo Colt in der Faust. Da war die kleine schwarze Mündung, die genau auf sein Gesicht zeigte, da waren die dunklen Löcher der Trommelkammern mit den stumpf schimmernden Bleigeschossen darin. Frenchy war gestorben in diesem Augenblick. Er wartete auf die Flamme, auf den Einschlag der Kugel in seinem Kopf, aber es gab nur einen harten metallischen Ton, als der Hammer des Colts auf das Zündhütchen schlug. Schlechtes Pulver. Das Pulver war nicht losgegangen. Und dann hielt er selbst seinen Revolver in der Hand, es gab einen Knall, auf dem Hemd des Mannes erschien ein winziges, kreisrundes Loch. Wie ein Tintenfleck. Genau dort, wo das Herz war. Und dann sank der Mann zusammen. Mit einem Ausdruck im Gesicht, als könne er es nicht begreifen. Und er, Frenchy, hatte ihn erschossen. Er, Frenchy, war nicht tot. Er, Frenchy, war nicht einmal verwundet. Er stand da in der Sonne, und der Wind trieb trockene Grasbüschel aus der Ebene in die Straße hinein. Viele kugelrunde Büschel, die aus der Ferne wie geheimnisvoll bewegte, massive Kugeln aussahen. Diese Kugeln rollten über den Toten, der mit weitgeöffnetem Munde im Staub lag, prallten gegen seine, Frenchys Beine, und ihm war übel. Er starrte weinend auf seinen Revolver nieder. Er konnte es selbst nicht glauben. Der Pulverrauch schmeckte schal und bitter auf der Zunge, und brannte in den Augen. Danke, murmelte das Mädchen, und jemand sagte leise, daß er ein toller Bursche sei.

Er taumelte in eine Hausnische und erbrach sich. Er hatte einen Mann erschossen! Als er zur Besinnung kam, saß er in einer schlingernden Kutsche, und die Stadt lag hundert Meilen dahinter. Komisch, er hatte sogar den Namen der Stadt vergessen. In der Normandie heulten jetzt die Winterstürme über den Atlantik, und der Himmel war so grau und tief, daß er an den Dachfirsten hängenblieb. — Wölfe hatten keine Manieren. Wie die Knochen gekracht hatten. Wie es klang, als die dampfenden Muskelfasern rissen. Morgen würden sie darüber beraten, ob sie Jack Cowles erschießen sollten. Weil er ihm geholfen hatte. Verrückte Welt. Und jetzt schliefen sie einträchtig neben- und übereinander. Wie Hugh Nye und Joe King, die sich noch vor zwei Tagen aus irgendeinem dummen Grunde mit den großen Bowiemessern an die Kehlen gefahren waren. Draußen vor dem Wald.

Er, Frenchy, hatte gerade den Topf mit dem Fleisch auf den Boden gesetzt. Die Männer waren hungrig. Es gab nichts als Fleisch. Aber jetzt gab es einen Kampf, und so hungrig konnten diese Abenteurer gar nicht sein, über einem Kampf nicht das Essen zu vergessen. Als nach einer halben Stunde Hugh Nye mit dem Rücken auf dem Boden lag und Joe King ihm die Klinge in die Kehle stoßen wollte, machte Muggins dem Kampf ein Ende. Außer Beidler und natürlich ihm, Frenchy, waren alle anderen unwillig über diese Einmischung. Sie verstieß gegen die elementarsten Regeln der Wildnis. Es gab keine Einmischung. Ein unterliegender Gegner wurde nicht geschont, sondern getötet. Das war so. Man erwartete das. Sie waren alle rauh wie Maiskolben und hart und mitleidslos wie Stahl. Und wild wie Wölfe.

Aber wenn Frenchy französische Lieder sang oder Nap seine Negro-Spirituals, so hörten sie zu, oder sie begannen zu tanzen, wo sie gerade waren. Dann stampften ihre stämmigen Beine auf den Boden, die langen Haare flogen, und die großen Revolver an den Hüften schwangen im Takt mit. Sie warfen die Hüte in die Luft, stießen Schreie aus, deren sich kein Sioux hätte zu schämen brauchen, und klatschten den Takt dazu. Oder Lay Anderson, der behauptete, Reverend in St. Louis gewesen zu sein, packte irgendwo, unten am Fluß oder auf einem Hügel vor den Wäldern, in einer Hütte oder sonstwo, sein zerfleddertes Gesangbuch aus und begann die Texte in salbaderndem Ton zu lesen. Dann standen sie da mit großen, unschuldigen Kinderaugen und murmelten den Text mit ihren rauhen Stimmen mit. Lay Anderson hatte den Grizzly, dem er einmal über den Weg lief, als er die Äste eines gefällten Baumes abschlug, mit dem Bowiemesser erstochen. Die Axt war im Schädel des Grizzlys steckengeblieben. Er hatte sie nicht wieder herausziehen können. Die Männer waren zu weit weg, um ihm zu helfen.

Frenchy schüttelte den Kopf. Sein Kinn war auf die Brust niedergesunken. Er hatte die Augen geschlossen.

Es konnte doch nicht möglich sein, daß ein freundlicher Indianer wie ‚Regen-im-Gesicht‘ einem den Bauch aufschlitzte oder der ‚Schwarze Büffel‘ einem die Glieder abschlug, oder ‚Langgesicht‘, der stundenlang regungslos auf einem Holzstumpf sitzen und ihm beim Kochen zusehen konnte, einem die Kopfhaut bei lebendigem Leibe abzog! Es konnte doch nicht möglich sein, daß ein Mädchen wie ‚Sanfte Wolke‘ einem Gefangenen mit Häutemessern Stücke aus dem Hinterteil schlug und daß die gutmütigen und freundlichen dicken Mütter, die ständig ihre Säuglinge auf dem Rücken trugen, einen Wehrlosen über einen Teppich aus Speerdornen rollten, dessen Stacheln lang wie Finger waren.

Etwas Hartes schlug von außen gegen den Palisadenzaun. Frenchy schreckte auf.

Keine drei Schritte neben ihm ragte eine Gestalt über den Spitzen der Palisadenzacken scharf gegen den Himmel. Im Haarschopf steckte eine halb hängende, halb stehende große Feder.

Frenchy riß das Gewehr hoch, ein Schuß dröhnte, eine grelle Flamme zuckte auf, der Rückschlag des Gewehrs hieb ihm den Arm zurück. Geblendet schloß Frenchy die Augen. Er bekam keine Luft mehr. Würgende Angst schnürte ihm die Kehle zu. Er ließ das Gewehr fallen und rannte davon, prallte gegen ein Blockhaus. Er hörte rauhe Stimmen, Schüsse dröhnten, Flammen peitschten, Schritte trampelten. Eine Faust riß ihn hoch.

Nur vier oder fünf Sekunden dauerte es, bis er die Blendung überwunden hatte und wieder sehen konnte. Neunundzwanzig Männer standen rings am Palisadenzaun an den Schießscharten, hellwach, konzentriert Gewehre und Revolver in den Fäusten.

„Er liegt hier draußen vor dem Zaun", hörte er Jam Miller sagen.

„Nicht schießen!" Das war Muggins Taylor. „Wir . . ." Eine krachende Salve vom Pferdekorral her überschüttete die Palisaden. Schweres Blei klatschte in das Holz. Dann schrie Tom Jameson: „Die Pferde! Die roten Hunde stehlen die Pferde!"

Etwa ein Dutzend Männer rannte zum Tor.

„Halt!" dröhnte Muggins' mächtiges Organ auf. Donnernder Hufschlag erschütterte den Boden. Dazwischen tönten gellende Schreie. „Das Tor bleibt zu!"

Durch die Schießscharten sahen die Männer, wie die Pferde und Maultiere von schreienden Sioux davongetrieben wurden. Wenig später war es wieder still. Die Berge im Osten wurden von einer Flut steigenden Lichts beleuchtet.

Muggins Taylor kam auf Frenchy zu.

„Warum hast du geschossen?“ fragte er streng.

„Weil plötzlich einer hoch auf dem Zaun zu sehen war.“

Muggins nickte.

„Er liegt draußen. Ich habe ihn gesehen. Du hast gut getroffen.“

Frenchy schluckte. Muggins legte ihm die Hand auf die Schulter. Er wollte etwas sagen, da rief Dick Davids:

„Er steht auf, Muggins! Er ist nur verwundet!“

Muggins eilte an seinen Platz zurück und nahm Frenchy mit. Frenchy starrte mit brennenden Augen hinaus. Er sah eine Gestalt aus dem Grase aufstehen, mühsam und taumelnd und sich einige Male um sich selbst drehend. Sie hatte beide Hände gegen den Leib gepreßt und stolperte den Abhang hinunter zum Fluß. Mehrmals fiel der Indianer nieder, raffte sich wieder auf und stolperte weiter. Bis er im Dickicht verschwand.

„Nicht schießen!“ hatte Muggins befohlen. Unten am Fluß waren kehlige Laute zu hören, dann Huftritte. Schließlich sah man hinter einer Gruppe Ulmen vier Reiter hervorkommen, die sich rasch nach Norden auf den Wald zu bewegten und im Dunkel verschwanden.

„Ich wette, daß sie draußen hocken und nur darauf warten, daß wir das Tor aufmachen und uns sehen lassen!“ sagte Tom Settle.

John Beidler wischte sich über den Schnurrbart und brummte: „Bei den Pferden waren drei. Sie ritten wie junge Burschen. Die anderen waren vier. Was hältst du davon, Muggins?“

„Wenn sie einen Angriff geplant hätten, wären es mindestens fünfhundert gewesen. Und diese fünfhundert hätten den Angriff gemacht. Und zwar gleichzeitig. Frenchy hat aber nur einen auf dem Zaun gesehen und ihn getroffen. Merkwürdig ist das.“

John MacCormack kam, sein Gewehr als Spazierstock benutzend, näher.

„Es war kein Angriff. Paul, zeige es Muggins!“

Paul McCormack kam näher und schwang einen langen und dicken Gegenstand in der Hand.

Es war ein ausgestopfter Vielfraß.

„Selten schönes Stück“, meinte Muggins und betrachtete das sorgsam gepflegte, langhaarige rötlichbraune Fell mit den verschwommenen gelben Streifen, den großen Kopf mit der schwarzen Schnauze, deren Schwarzfärbung wie eine aufgesetzte Maske bis über die Augen ragte, und die großen Tatzen mit den elfenbeingelben krummen Krallen. „Daran ist aber mindestens zwei Monate lang gearbeitet worden“, meinte John McCormack. „Sieh hier, die Augen sind aus fein poliertem Schwarzhorn.“ Er verstummte. Zwei steile Falten erschienen auf seiner kantigen Stirn. Er warf den Kopf herum und starrte Frenchy an.

„Sage, Frenchy, hat dir ‚Langgesicht‘ nicht vor etwa vier Wochen einen ausgestopften Vielfraß versprochen?“

Stille.

Die Männer an den Schießscharten drehten sich langsam um.

„Qui — ich erinnere mich. Für meine Ration Tabak, die ich ihm schenkte, weil er die Elchkeule mitgebracht hatte . . .“ Frenchy zuckte zusammen und schluckte. Er starrte den Vielfraß an, dann McCormack, Muggins, Beidler und wieder den Vielfraß. „Um Gottes willen“, stieß er hervor. „Was — was bedeutet das? Ich verstehe das nicht. Was . . .?“

„Frenchy“, Muggins Taylors Stimme war ohne Leben, „es sieht so aus, als wäre das ein Freundschaftsbesuch gewesen! Wenn sich um das Fort herum nicht der halbe Stamm befindet, so *war* es ein Freundschaftsbesuch, und dieser Vielfraß ist ein Geschenk für dich!“

„Nein!“ schrie Frenchy auf. „Das ist doch nicht möglich! Das kann nicht sein! Sie wissen doch, daß wir wachen und . . .“

„Was sie wissen, ist, daß wir Felle gegen andere Dinge tauschen. Und daß wir dreißig Mann sind, die sich mitten in ihrem Gebiet befinden.“

„Muggins“, warf Beidler ein, „wollen wir nicht warten, bis es hell wird und wir die Spuren sehen können?“

Muggins Taylor nickte.

„Das wird allerdings wenig daran ändern, daß es großen Ärger geben wird.“

„Keine Pferde mehr! Nichts zu fressen! Und nur vierzehn Gewehre!“ knurrte Les Brisbin. „Das verdanken wir diesem verdammten Franzosen!“

Muggins Taylor warf ihm einen schrägen Blick zu und sagte: „Beobachtet das Land. Es wird nicht geschossen, bevor meine Kugel aus dem Lauf ist.“

V. Kapitel

Das Ultimatum

„Der Reservations-Indianer, der ehrlich zu arbeiten wünschte, betrat seinen Acker mit dem Gewehr in der einen und der Hacke in der anderen Hand. Die Krähen sagten voll Bitterkeit: ‚Ob wir gehen und Weiße töten oder unseren Acker bestellen, das bleibt sich gleich; denn wir haben dafür, gute Indianer zu sein, niemals Schutz oder Belohnung erfahren, stets nur Verfolgung.'"

J. P. Dunn in: Massacre of the Mountains

Die Dämmerung zog mit einer Flut roten Lichts am Horizont hoch. Regungslos standen die Männer an den Schießscharten und warteten.

Schließlich öffnete John Beidler den Torriegel, zog das schwere Tor auf und trat ins Freie. Muggins und die McCormackbrüder folgten ihnen. Zed Daniels blieb mit angeschlagenem Gewehr im Tor stehen.

Frenchy sah, wie die Männer die Spuren im Gras untersuchten. Immer weitere Kreise zogen sie. Während Muggins das Flußufer untersuchte und schließlich dort zu sehen war, wo die vier Sioux zum Vorschein gekommen waren, betrachtete John Beidler die Spuren am Pferde-Korral. Die McCormackbrüder wanderten im großen Kreis um das Fort herum.

Zusammen kamen sie zurück.

„Große Blutspuren am Flußufer", sagte Muggins.

„Frenchys Kugel muß ihm eine Schlagader zerrissen haben.“

„Nichts zu sehen draußen. Keinerlei Spuren. Ein Grizzly ist in der Nacht drüben an den Kiefern vorbeigetrottet“, berichteten die McCormacks.

Beidler sagte schwer: „Es waren sieben junge Krieger.“

„Aber die Schüsse!“ rief Frenchy. Er zeigte seinen Hut vor, der ein Ein- und ein Ausschußloch hatte.

„Sie haben geschossen, als ihr Mann vom Zaun fiel. Es muß Langgesicht dabeigewesen sein. Ein Sioux bringt ein Geschenk persönlich.“

„Warum bringt er es nicht am Tage!“ schrie Frenchy gequält.

„Der Stamm ist aus verschiedenen Gründen nicht gut auf uns zu sprechen. Deshalb haben wir so lange keinen Roten mehr gesehen, und der Handel ist zum Erliegen gekommen. Langgesicht hatte aber ein Versprechen gegeben und wollte es halten.“ Beidler blickte die McCormackbrüder an, die nickten zustimmend, und Beidler fuhr fort: „Langgesicht ist noch der friedlichste von ihnen, das wissen wir. Er mag manche Rede am Beratungsfeuer gehalten haben, um die jungen Hitzköpfe zu besänftigen. Er wollte sich wohl aber auch nicht offen in Gegensatz zum ganzen Stamm setzen, indem er am hellen Tage mit seinem Geschenk zum Fort spaziert. Also hat er es in der Nacht getan. Und ist dabei erschossen worden.“

„Wie kann ich denn das wissen?“ schrie Frenchy verzweifelt. „Was soll ich denn denken, wenn plötzlich auf dem Zaun ein Sioux erscheint? Daß der Geschenke bringt?“

„Nein“, sagte Muggins ernst. „Das wird kein Mensch von dir verlangen, Frenchy. Aber ich kenne keine Rothaut, die ohne weiteres nachts auf die Palisaden eines Forts klettert, um Gefahr zu laufen, erschossen zu werden. Ich kenne aber manche Rothaut, die in diesem Falle allein und unbewaffnet vor einem Palisadenzaun erschienen ist und den Posten anruft." Seine grauen Augen erfaßten Frenchy. „Hast du geschlafen, Frenchy? Warst du müde? Bist du eingenickt? Hast du nichts gehört, und bist erst aufgewacht, als du die Rothaut auf dem Zaun sahst?"

Die Augen der Männer waren auf Frenchy gerichtet. Langsam kamen sie näher.

„Hast du geschlafen, Frenchy?" fragte Lee Buckland unheilvoll.

„Er war hellwach", ließ sich Nap Mattis vernehmen. „Ich habe eine Zeitlang die Runde mit ihm gemacht. Bis kurz vor dem Schuß habe ich ihn summen hören."

„Du hast eine Schwäche für ihn!" schrie Tim Settle. „Du hast ihn verteidigt, als durch seine Schuld das Kanu kenterte und unsere Waffen verlorengingen. Nap, wenn du ihn jetzt auch noch in Schutz nimmst, dann . . ."

Der riesige Negertrapper kam mit geballten Fäusten und breitem Grinsen auf Settle zu.

„Was . . . dann?"

„Hört auf", mischte sich Ben Smith ein. „Er hat einen Sioux erschossen, und wir werden sehen, was daraus wird!"

„Geh und mache das Frühstück", sagte Muggins zu Frenchy, und Frenchy ging zum Küchenblockhaus.

Jack Cowles rief: „Warum hast du ausgerechnet ihn auf Wache geschickt? Es sind wohl nicht genug andere da, die Erfahrung und Übung haben! Warum ausgerechnet Frenchy?"

„Da hinten kommen Sioux!" rief John McCormack und deutete nach Norden. Dort waren drei Reiter zu sehen, die sich rasch näherten. In einer Entfernung von etwa zweihundert Pferdelängen blieben zwei stehen, während der Dritte bis auf sechzig Schritte an das Fort heranritt. Es war ein alter weißhaariger Mann, bis an den Hals in eine schwere bunte Decke gehüllt. Er stieg vom Pferd und wartete mit übergeschlagenen Armen.

Muggins Taylor stellte sein Gewehr an den Zaun, schnallte seinen Revolvergürtel ab und ging mit langsamen Schritten auf den Sioux zu.

Man sah ihn etwa fünf Minuten vor dem weißhaarigen Alten stehen. Manchmal, wenn er sprach, hob er die Hände und unterstrich seine Worte mit den Gesten, die die Sioux kannten. Dann kam er zurück, und sein Gesicht war sehr ernst.

„Nun?“ fragte Zed Daniels hastig.

„Frenchy hat Langgesicht erschossen. Es war ein Bauchschuß. Beide Nieren zertrümmert. Langgesicht ist im Dorf gestorben. Sie verlangen, daß wir ihnen den Schützen herausgeben.“

Der Indianer hatte sein Pferd bestiegen und ritt nun zurück. Mit den anderen beiden verschwand er im Wald.

„Und?“ rief Les Brisbin. „Was hast du gesagt?“

Muggins warf ihm einen scharfen Blick zu.

„Daß der Mann nicht ausgeliefert wird“, antwortete er ruhig.

„Was? Bist du verrückt? Habt ihr das gehört? Das kommt nicht in Frage, Muggins, das sage ich dir! Er hat die Suppe angerührt, jetzt frißt er sie auch!“

„In diesem Fort wird niemand den Indianern ausgeliefert!“ donnerte Muggins.

„Dann sollen wir uns also seinetwegen hier langsam, aber sicher abschlachten lassen, was?“ brüllte Brisbin ihn an. „Höre zu, Muggins: der Kerl ist schuld, daß wir viele unserer kostbaren Gewehre verloren haben. Jetzt hat er eine Rothaut abgeschossen, die ihm was schenken wollte. Sie haben dir ein Ultimatum gestellt, nicht wahr?“

„Zwölf Stunden, Les.“

„Gut. Zwölf Stunden. Ihr habt es gehört, Männer. Wenn wir in zwölf Stunden Frenchy nicht ausgeliefert haben, bekommen wir zweitausend rote Teufel auf den Hals. Was das bedeutet, braucht euch ja wohl keiner zu sagen. Wir haben kein Futter mehr. Und Holz für vielleicht zwei Monate. Wir haben viel zu wenig Gewehre. Die Revolver taugen nur im Nahkampf. Und wenn es einmal dazu kommt, ist es sowieso aus mit uns. Muggins will ihn nicht ausliefern. Muggins will uns alle über die Klinge springen lassen. Wegen einem verdammten Greenhorn, das er gegen unsere Ratschläge angestellt hat. Das er zur Wache bestimmt hat, obschon er genau wußte, daß Frenchy das Herz in den Hosen hat und ein Schlappschwanz ist. Jetzt spielt er den Großmütigen.“

„Bist du fertig?“ sagte John Beidler.

„Fürs erste, ja“, knurrte Brisbin. „So, Muggins, und jetzt sage uns, was geschehen soll. Wie hast du es dir vorgestellt? Wir haben . . .“

„Les, schweige jetzt und warte“, sagte Nap Mattis und legte die Hand auf die Schulter des aufgebrachten Mannes.

„Du hast gut reden“, fuhr Brisbin ihn an. „Ich weiß auch, daß die Lage ernst ist. Das war sie von Anfang an. Wir haben es gewußt, und ich schlage mich zu jeder Zeit mit allen Rothäuten der Staaten herum, wenn es sein muß. Aber, verdammt noch einmal, auf so einen Zug nimmt man keinen Spinner wie Frenchy mit!“

„Keiner von euch hätte Frenchys Arbeit tun wollen“, sagte Zed Daniels. „Major Pease hat euch alle in Bozeman gefragt, und ihr wart einverstanden mit ihm. Jetzt ist er da.“

„Ich bin nicht gefragt worden!“

„Weil du sechs Tage stockbetrunken warst.“

Brisbin winkte mit seiner großen Hand ab.

„Die Sache ist ganz einfach: Wenn uns die Sioux mit allen ihren Kriegern angreifen, sind wir geliefert. Normalerweise wären sie den Winter über in ihren Zelten geblieben. Jetzt hat Frenchy sie aufgescheucht. Wir haben keine Pferde mehr ..."

„Noch drei", rief John McCormack, der vom Korral zurückkam.

„Haha, drei Pferde! Zum Schreien! Was sollen wir mit drei Pferden?"

„Mit der Frage beschäftigen wir uns, wenn es nötig ist", erklärte John McCormack. „Heute abend sind die zwölf Stunden um. Bis dahin müssen wir Wild schießen und Holz hereinholen!"

„Wir müssen Frenchy ausliefern, und zwar sofort!" rief Brisbin.

John McCormack trat auf ihn zu. Einen Schritt vor Brisbin blieb er stehen, und seine eiskalten grauen Augen funkelten Brisbin an.

„Du hast jetzt genug geschrien, Les. Du wirst jetzt den Mund halten, sonst stopfe ich ihn dir!"

Ed Bolenbaugh rückte seinen Revolvergürtel über der Pelzjacke zurecht.

„Frenchy bleibt hier, darüber braucht gar nicht geredet zu werden."

Der hagere John McCormack hatte beide Daumen hinter die Schnalle seines patronengespickten Waffengurtes gelegt und sah Brisbin an.

„Nun?"

Da drehte sich Brisbin um und verschwand in seinem Blockhaus. Bob Comlode sagte: „Warum stimmen wir nicht ab?"

Muggins Taylor kam mit einer Axt aus einem Blockhaus.

„Weil ich hier bestimme, was hier geschieht", meinte

er rauh, „oder paßt dir das nicht, Bob? Dann sage es gleich!"

Bob Comlode blickte sich um. Hinter ihm hatte sich ein Halbkreis von achtzehn Männern gebildet, als sich Les Brisbin hinzustellte, waren es neunzehn. Bob Comlode galt als Revolvermann. Es hieß, daß in seinem Buch viele Kämpfe verzeichnet standen. Er stützte sich auf die Kolben seiner beiden Peacemaker-Colts.

„Major Pease hat uns angeworben. Er hat gesagt, daß wir ein Fort bauen sollten. Das haben wir getan, und es war eine verdammt harte Arbeit. Aber der Major Pease ist schon bei Benson's Landing zurückgerufen worden. Im März will er mit Truppen kommen. Gut, aber er hat dich nicht zu seinem Nachfolger gemacht, Muggins. Das hast du selbst getan. Mich hast du nicht gefragt."

„Dann frage ich dich jetzt."

„Das ist anständig von dir. Ich sage nein. Du bist nicht der richtige Mann zum Befehlen! Mir gefällt deine Nase nicht. Schon lange gefällt mir deine Nase nicht. Du gibst mir keinen Befehl mehr. Frenchy wird ihnen in den Rachen geworfen, damit wir unsere Ruhe haben. Das ist meine Rede."

Muggins Taylor reichte John Beidler die Axt. Er blickte sich um. Neun Männer standen hinter ihm.

Er rückte den Hut ins Gesicht. Er spreizte die Beine, drückte sie fest gegen den Boden. Sein Arm hing locker herunter. Das Handgelenk berührte den Revolverkolben.

„Gut, daß es zur Sprache kommt. Dann wollen wir das jetzt klären!"

„Du traust dir aber mächtig viel zu, Muggins. Vier Tage, bevor du mit Pease nach Bozeman kamst, habe ich Pat George erschossen."

„Hast du da auch soviel geredet?" fragte Muggins kalt. Jede Sehne in seinem mächtigen Körper war gespannt. Sein knochiges Gesicht hatte allen Ausdruck verloren. Hinter seinen pulvergrauen Augen war das Licht erloschen.

„Bringen wir es also hinter uns“, sagte Muggins. „Einer soll das Zeichen geben!“

Les Brisbin zog seinen Revolver und richtete ihn in den Himmel.

„Nein!“ schrie Frenchy, der weiß wie eine Wand geworden war, und er stürzte aus dem Blockhaus. „Ich, ich will ja, ihr könnt mich ja erschießen, wenn es euch rettet!“

John Beidler hielt ihn fest.

„Darum geht es nicht“, sagte Les Brisbin grinsend. „Mit einem Toten finden sie sich nicht ab. Sie wollen dich lebend, Frenchy, und sie werden dich auch lebend bekommen. Jetzt!“

Sein Schuß peitschte in den roten Himmel, fast gleichzeitig fielen zwei weitere Schüsse, und die beiden Männer standen einen Augenblick in eine dichte, ineinanderwirbelnde Pulverwolke gehüllt.

Beide hielten die rauchenden Revolver in der Faust. Beide standen steif und leicht geduckt, die Waffen vorgereckt und starrten sich an. Dann schoß Muggins Taylor ein zweites und ein drittes Mal, und Bob Comlode wurde von den schweren Bleigeschossen zurückgeworfen. Er machte einige tänzelnde Schritte nach hinten, stolperte dann, bis ihn Muggins vierte Kugel in den Kopf traf. Wie vom Blitz getroffen brach er zusammen.

„Les?“ sagte Muggins kalt.

Brisbin sah ihn mit einem schiefen Blick an.

Er steckte langsam und vorsichtig seinen Revolver ins Holster und verschränkte die Arme auf der Brust.

„Gefällt auch dir meine Nase nicht?“

Brisbin schwieg. Auch die Männer hinter ihm schwiegen. John McCormack lachte auf.

„Donnerwetter, Muggins, daß du so schnell bist, hätte ich nicht gedacht."

Muggins sah auf den Toten nieder.

„Geh ins Haus und tu deine Arbeit, Frenchy", sagte er.

Frenchy senkte den Kopf und ging.

Lay Anderson trat vor, zupfte an seinem schwarzen Bart, schob einen Fuß unter den Arm des Toten, hob ihn hoch und ließ ihn fallen. Er nickte und brummte zu Nap Mattis hinüber: „Hole die Bibel!"

Dann hob er den Kopf zum Himmel, und sein faltiges Ledergesicht zog sich in die Länge. Er stopfte die Hände in die warmen Hosentaschen und sagte leiernd: „Der Herr in seiner unendlichen Güte hat diesen Sünder zu sich genommen. Wir wollen für seine schwarze Seele beten und ihr von Herzen wünschen, daß sie im Fegefeuer sauber gebrannt wird, auf daß sie eines Tages rein und geläutert vor dem Thron des Herrn erscheinen kann." Er nahm die Bibel aus des Negers Hand entgegen, blätterte sie auf und begann lautstark aus der Hochzeit zu Kanaan vorzulesen. Über den Rand der zerfledderten Bibel hinweg musterten seine kleinen scharfen Augen nacheinander die Männer. Dabei drehte er sich langsam im Kreise, damit ihm auch keiner entging. Plötzlich unterbrach er sich, zischte leise: „Link, wenn du jetzt noch einmal gähnst, schlage ich dir alle Zähne ein!" und las wieder lautstark weiter, daß sein Organ weit über den Fluß schallte.

Mitten in einem Satz klappte er die Bibel zusammen und warf sie Nap zu.

„So", sagte er, „bringt ihn unter die Erde!"

Ben Smith und Dick Davies packten den Toten an den Füßen und schleiften ihn zum Tor hinaus.

Hugh Nye und Pete Savage gingen mit Spitzhacken hinterher. Lay Anderson betrachtete Bob Comlodes vernickelte Revolver interessiert.

„Das teuerste an ihm waren zweifellos diese Revolver", brummte er befriedigt und steckte sie in seinen Waffengurt, nachdem er seine eigenen alten Schießprügel einfach weggeworfen hatte. Er warf Muggins einen unbestimmten Blick zu.

„Wenn achtzehn Mann gestorben sind, wird jeder ein Gewehr haben. Hat jemand etwas dagegen, daß ich sein Gewehr nehme? Ich muß schließlich der letzte sein. Das ist logisch."

„Warum?" fragte Lee Buckland naiv.

„Damit jeder mit einem christlichen Gebet bestattet werden kann, mein Sohn. Ich verzeihe deiner Mutter nie, daß sie so was wie dich geboren hat."

Während die vier Männer den Toten in den harten Boden eingruben und mit seinen Sachen zurückkehrten, teilte Muggins die Männer ein. Sechs gingen mit Äxten zum Wald. Sie hatten drei Gewehre bei sich. Vier gingen in östliche Richtung, um Wild zu schießen. Die anderen bildeten eine weit auseinandergezogene Kette zwischen Wald und Fort, die im Falle eines Angriffs den Holzschlägern einen raschen Weg zurück im Schutze eines konzentrierten Feuers gewährt hätte.

VI. Kapitel

Die Auslieferung

„Sie hatten Long Face tödlich angeschossen, als dieser dem kleinen Franzosen mit den Traumaugen ein Geschenk bringen wollte. Als wir von ihnen den Mann, der das getan hatte, verlangten, sagten sie, daß kein guter Mann einen Gefährten ausliefere, um ihn von anderen martern und töten zu lassen. Es ist zwei Jahre her, da ein weißer Mann auf unserem Land erschossen wurde. Die Soldaten kamen und sagten, wenn wir die Mörder nicht auslieferten, würde unser ganzer Stamm mit allen Frauen und Kindern getötet. Da stellten sich zwei unserer jungen Krieger, um dem Stamm dieses Schicksal zu ersparen. Sie wurden von den Soldaten getötet; aber sie waren nicht die Mörder des weißen Mannes. Nun taten wir das, was die Soldaten uns vorgemacht hatten — und es war für die Weißen etwas ganz Unmögliches, wie sie sagten. Ist es wirklich so unverständlich, wenn man die Weißen nicht versteht?“

Häuptling Katzenklaue am 19. 4. 1881 in einem Interview mit dem Korrespondenten Sam Souks

John Beidler war der erste, der die Sioux bemerkte. Er blieb stehen und stieß einen scharfen Ruf aus.

John McCormack hob blinzelnd die Hand gegen die Augen und blickte sich um.

„Das habe ich mir fast gedacht. Das sind mehr als hundert Krieger, die zu sehen sind.“

„Ohne die anderen, die nicht zu sehen sind“, meinte Muggins Taylor. Er wendete sich um. Die Männer standen regungslos in der kalten Sonne und hatten die Hände an den Waffen. „Wir müssen zurück. Es hat keinen Sinn. Sie schießen uns ab wie Kaninchen.“

„Wir brauchen aber Fleisch!“ rief Nat McNash.

„Zurück ins Fort!“

Sie gingen zurück. In dicke bunte Decken gehüllt, die Gewehre in überkreuzten Armen liegend, standen schweigend und reglos die Siouxkrieger vor Büschen und Wäldern, ein lang auseinandergezogener, aber lückenloser Halbkreis um das kleine Fort, aus dem es kein Entrinnen gab.

Man verschloß das Tor, der schwere Riegel klappte zu, vier Wachen standen an den Schießscharten.

„Wie sieht es mit den Vorräten aus?“ fragte Muggins Zed Daniels.

Daniels öffnete einen kleinen Schuppen.

„Drei Fässer mit Pökelfleisch, zwei Säcke hartes Brot. Das ist alles.“

„Munition?“

„Genug, um mindestens die Häfte aller amerikanischen Indianer auszurotten. Und was das Wasser anbetrifft, ehe wir den Yellowstone ausgetrunken haben, sind alle Rothäute ausgestorben.“ Zed Daniels schlug die Tür zu. Fast die Hälfte der Männer stand am Palisadenzaun. Einige hockten in den Blockhütten, andere lehnten an den Wänden oder standen schweigend da.

Muggins Taylor holte seine Maiskolbenpfeife aus der Jacke und stopfte sie bedächtig. Er riß ein Streichholz am Daumennagel an und hielt die Flamme über den rußigen Pfeifenkopf.

„Wenn sie angreifen, werden sie sich die Köpfe einrennen. Der Platz ist gut. Es gibt kaum Deckung für sie.“

„Das sagte der Farmer zu seiner Lieblingskuh, und

dann bekam sie trotzdem ein Kalb!" rief Mike Devin, und Muggins grinste.

„Wo sind denn die beiden Säcke mit Dörrobst geblieben?" fragte Ben Smith.

„Im Fluß!" rief Les Brisbin. „Jetzt fehlt nur noch, daß das verdammte Greenhorn das Fort anzündet. Aber auch dann wird Muggins sagen, Männer, wird er sagen, der Junge ist nun einmal dämlich. Was kann er dafür? Kratzt mit den Fingern den Boden auf und legt euch hinein. Sterben müssen wir alle mal. Seid vernünftig, Männer, gewöhnt euch ans Sterben!"

Finstere Gesichter starrten Muggins an. Frenchy stand in der Blockhaustür und schrumpfte unter den Blicken der Männer förmlich zusammen.

„Sangre Christo!" fauchte Jack Cowles, „nun laßt ihn endlich aus dem Spiel!"

Dave Poker schüttelte den Kopf.

„Nicht jede Karte, die man kauft, ist gut. Ist eine faule darunter, so gibt man sie ab." Er wendete sich Frenchy zu und sagte leidenschaftslos zu ihm: „Das verstehst du doch, nicht wahr?"

Frenchy schluckte krampfhaft. Er war so müde, daß er kaum noch auf den Beinen stehen konnte. Das Weiße in seinen Augen war gerötet, seine weichen Lippen hatten eine blasse Farbe. „Ihr — ihr könnt — mich doch — nicht . . ." preßte er hervor.

„Warum können wir nicht? Sicher können wir! Ich will dir eine Geschichte erzählen: Irgendwo am Rande einer Stadt in einer Reservation wurde ein Mann von einer Rothaut erschossen. Die Rothäute entkamen. Der kommandierende General ließ ein paar Schwadronen gegen das Indianerdorf marschieren und umstellte es. Er gab ihnen ein Ultimatum, die Mörder auszuliefern, andernfalls er das Dorf niedermachen würde. Die Mörder befanden sich gar nicht in dem Dorf, aber das war dem General egal.

Nicht lange, und zwei junge Burschen kamen hervor. Sie erklärten freiwillig, daß sie die Mörder seien. Der General wußte, daß sie es nicht waren, aber für ihn war Rothaut Rothaut. Er nahm die beiden jungen Krieger mit, ließ sie aufhängen und marschierte in die Garnison zurück."

Frenchy nickte heftig.

„Ça va! Ich gehe!" stieß er tonlos hervor, und Dave Poker klopfte ihm freundlich auf die Schulter.

„Ich wußte, daß du ein guter Junge bist, Frenchy. Wir werden viel von dir erzählen. Du wirst einen berühmten Namen bekommen!"

„Kein Hund wird, wenn wir hier lebend rauskommen, jemals noch einen Knochen von uns annehmen!" sagte Jack Cowles. „Das kommt nicht in Frage! Geh ins Haus zurück, Frenchy, oder ich ramme dich hinein, daß du zum Eckpfeiler wirst!"

Dave Poker drehte sich langsam um und betrachtete den zornroten Cowboy kopfschüttelnd.

„Daß du dich immer so erregen mußt! Du wirst doch diesen guten Jungen nicht daran hindern, zu tun, was er für richtig hält. Niemand hat ihn bisher gehindert, die Gewehre, die Munition und das andere in den Fluß zu schmeißen, niemand hat ihn gehindert, seinen Freund Langgesicht totzuschießen. Nun wird ihn erst recht niemand hindern, einen Ausflug zu den Sioux zu machen!" Dave Poker wendete den Kopf über die Schulter und blinzelte die Männer an.

„Nicht wahr, Muggins, das wäre doch nicht richtig."

Dave Poker faßte Frenchy unter die Achsel und führte ihn langsam auf das Tor zu.

„Jeder Mann in diesem Fort hat einen freien Willen", dozierte er kalt, „wer einen Spaziergang machen möchte, kann daran von dir nicht gehindert werden, Muggins. Was uns betrifft, so glaube ich nicht, daß du mit deinen

Befehlen Schwierigkeiten haben wirst. Einer muß ja schließlich bestimmen. Aber Frenchy, dieser Prachtjunge, will nun eben einmal dabeisein, wenn sein roter Freund begraben wird. Das muß man doch verstehen. Pietät heißt das in Städten, und wir dürfen ihm das nicht nehmen." Er blickte Frenchy an, der auf bleischweren Beinen neben ihm ging. „Nicht wahr, Junge, du warst es doch, der sagte, daß du viel für sie übrig hättest. Du hast ihnen abends am Fluß Lieder vorgesungen, und sie haben um dich herumgesessen und gelauscht, als spräche der große Manitou aus dir zu ihnen in seinen süßesten Tönen. Du hast ihre Babies gestreichelt und ihnen Papiermützen gemacht. Du warst überzeugt davon, daß du so leben könntest, wie sie leben. Es ist gut, Junge, daß du den Wunsch hast, deinen toten Freund noch einmal zu sehen. Du wirst ihn sehen. Er liegt jetzt steif wie ein Brett zwischen zwei großen in den Boden gerammten Astgabeln hoch über der Erde, und unter ihm ist seine persönliche Habe aufgehäuft."

„Halt!" sagte Muggins Taylor, als sie an ihm vorbei wollten. „Ich habe gesagt, daß Frenchy hier bleibt. Das gilt, Dave."

Dave Poker faltete die knochigen Hände über der Brust und schüttelte den Kopf.

„Wie oft haben wir zusammen gespielt, Muggins? Meine Trümpfe heißen Tom und Link! Du weißt, daß sie auf diese Entfernung keinen Fehlschuß tun."

Hinter einem Blockhaus schauten zwei Gewehre hervor, die auf Muggins und die Männer um ihn herum gerichtet waren.

„Laß ihn gehen!" rief Brisbin.

Muggins Taylors Gesicht war leer und ohne jeden Ausdruck. „Frenchy bleib hier", sagte er sanft.

Dave packte Frenchy unter den Arm und stieß ihn vorwärts.

„Gehn wir. Das Leben an leeren Töpfen wäre ohnehin für dich eine Qual. Du kannst sicher sein, daß du bestimmt den besseren Teil dieses Kuchens erwischt hast.“

Frenchy richtete sich auf. Es sah aus, als hätte er seine namenlose Furcht überwunden. Er blickte Muggins Taylor mit seinen großen, braunen Augen an und lächelte sogar.

„Laß mich gehen, Muggins. Du würdest es an meiner Stelle auch tun. Für dich wäre es eine Selbstverständlichkeit, wie alles, was du tust, selbstverständlich ist. Ich — weißt du —, ich — ich bin — nicht wie du. — Nicht so stark und kräftig wie ihr alle. — Ich habe es mir manchmal gewünscht und davon — geträumt, oft, das ist sicher. — Aber jetzt mußt du mich gehen lassen, Muggins. Das ist — mein Entschluß, Muggins. Hörst du, Muggins, mein eigener Entschluß ist es! Ich will gehen — ich muß gehen — ich kann nicht leben . . .“

„Frenchy“, sagte Muggins Taylor hart, „du drehst dich jetzt um und gehst zu deinen Töpfen!“

„Mein Gewehr ist genau auf deinen dritten Jackenknopf gerichtet!“ rief Tom Jameson.

Muggins sah nur den Spieler

„Seid ihr bereit?“ fragte er ruhig, und die Männer hinter und neben ihm murmelten zustimmend.

Die kalten grauen Augen Taylors richteten sich auf Dave Poker.

„Wo immer mich auch eine Kugel trifft, Dave, soviel Kraft, dich zu erschießen, bleibt mir. Und wenn Tom auch nur um Haaresbreite zuviel nach oben oder zur Seite hält, so genügen mir zwei Sekunden, um vier von euch ebenfalls zu erwischen! Sieh Nap und Ive und John und die anderen an! Nap ist mit einem Bauchschuß vierzig Meilen auf Händen und Füßen gekrochen. Man braucht eine Kanone, um ihn zu töten. Und Ive?“

„Hoho!“ lachte der russische Pelzjäger tief in seiner

mächtigen Brust. „Ich habe mit Wölfen und Bären gekämpft und hatte manchmal nicht einmal ein Messer! Ich werde deinen Kopf in meine Hände nehmen, Hugh und ihn zusammenpressen wie eine faule Frucht."

John Beidler reckte seine kleine, gedrungene Gestalt und knurrte:

„Wir wollen uns einigen, Männer. Wen nimmst du, Paul?"

„Jack, Lee und Pete."

„Gut, dann übernehme ich Jam, Mike und dich, Don. Und du, John?"

John McCormack blickte mit seinen steingrauen Augen Nat McNash, Link Martin und Les Brisbin an. „Die nächsten drei", sagte er schläfrig.

„Zed?" fragte John Beidler.

„Joe, Dick und Ben stehen günstig für mich."

„Jack?"

Der Cowboy bleckte die Zähne.

„Da einer beten muß, lasse ich Lay stehen", sagte er.

„Vielen Dank, das ist sehr freundlich von dir", gab Lay Anderson sarkastisch zur Antwort.

„Ich werde Tim Settle und Karl Snyder bedienen, damit für Muggins noch Jesse übrigbleibt. Es kann losgehen, Muggins. Wenn ich an das verdorbene Pökelfleisch denke, macht es mir sogar Spaß. Tim, jetzt wird dein teures Hemd ein paar Löcher bekommen."

Frenchy öffnete den Mund.

Muggins sagte: „Wenn du jetzt noch ein Wort sagst, Frenchy, verbiege ich dich so, daß du dich nur noch auf alten Photographien wiedererkennst. Ins Haus mit dir!"

Dave Poker nickte ausdruckslos.

„Das ist wahr, Muggins, geblufft hast du noch nie."

„Sie werden sich doch nicht für diese Affen zusammenschießen lassen!" rief Tom Jamesson.

Muggins sog an der Pfeife, die er zwischen seinen starken Zähnen stecken hatte, und die blauen Tabakrauchwolken blies er Dave Poker ins Gesicht.

„Ihr könnt anfangen, wann ihr wollt. Wenn sich einer von euch, außer Frenchy, rührt, wird sofort geschossen. Sonst beginne ich, wenn die Pfeife aus ist! Ist das in Ordnung, Dave?“

Dave Poker antwortete nicht.

„Weg jetzt, Frenchy“, sagte Muggins rauh, und Frenchy ging langsam rückwärts auf das Blockhaus zu.

Bleischwere Stille lag über dem kleinen Fort. Die Männer standen steif und regungslos da, und nur die Augen lebten in ihnen. Muggins' Pfeife brutzelte und kochte. Genußvoll sog er den Rauch in die Lungen. Eine Welle von unerbittlicher Energie strahlte von ihm aus, und es gab etwas in diesem Manne, das so unerschütterlich war wie die Berge.

Nun hatte Frenchy die Blockhauswand erreicht. Er lehnte sich dagegen. Er wollte schreien und etwas sagen. Aber er brachte keinen Ton hervor. Er wußte, daß der geringste Laut eine Schießerei verursachen konnte, die niemand überleben würde.

In regelmäßigen Abständen quoll der Rauch zwischen Muggins' schmalen Lippen hervor. In der Glut des Tabaks zischte und knisterte es. Dave Poker starrte auf den schwarzen Pfeifenkopf. Link Martin zerbiß sich die Unterlippe. Les Brisbin spürte, wie seine Zehenspitzen einschliefen, und Tim Settle starrte dem grinsenden Cowboy in das sonnenbraune, verwegene Gesicht.

Lay Andersons Adamsapfel zuckte wie ein senkrecht bewegter Uhrperpendikel unter faltiger Hühnerhaut auf und nieder. John McCormack gähnte gelangweilt.

Die Pfeife begann zu brodeln und zu zischen. Der Rauch, der Dave Poker ins Gesicht wehte, wurde beißender und schärfer, war mehr von Teer durchsetzt, ging dem Ende zu.

Don Perkins hustete vorsichtig.

Dann drehte sich Dave Poker langsam um und ging zum Palisadenzaun. Tom und Link senkten die Gewehre. Les Brisbin spuckte aus.

„Allright", sagte er mit heiserer Stimme. „Erledigt!" er drehte sich um, nahm Link das Gewehr aus der Hand und ging zum Zaun.

„Ich werde also jetzt die Rationen einteilen", sagte Muggins Taylor. „Frenchy?"

„Oui?" Frenchys Stimme war kaum hörbar.

„Wieviel Kaffee ist noch da?"

„Ein ganzer Sack voll, Chef."

„Also ungefähr sechzig Pfund. Du brauchst täglich ein Pfund, klar?"

„Klar."

„Ein Pfund auf vier Gallonen Wasser (16 l). Mahle ihn sorgfältiger aus und koche ihn etwas länger, dann wird er schon braun."

„Und daß du nicht zuviel Whisky hineintust!" rief Mike Devin, der Revolvermann aus Tennessee. „Zum Frühstück möchte ich keinesfalls mehr als zwei Steaks mit Bohnengemüse, einer gefüllten Tomate und zwei Spiegeleiern darü . . ."

„Hör auf damit!" fuhr ihn Jam Miller mit trockenen Lippen an.

Beleidigt zog Mike die schwarzen Augenbrauen hoch.

„Na, gut, ich will nicht zu anspruchsvoll sein: also dann nur ein Spiegelei, Frenchy!"

Jam Miller holte aus und schlug zu. Aber seine Faust krachte gegen den Palisadenzaun, und Mike tauchte neben dem fluchenden Miller wieder auf.

„Und beuge dich beim Servieren nicht immer so tief herunter!" rief Lee Buckland, der salzige Virginier, „der Ausschnitt macht einen ganz verrückt!"

Jesse Harris meinte: „Und denke daran, daß du uns

freitags kein Fleisch servierst, wir Presbyterianer nehmen das sehr genau mit dem Fasten!"

Schallendes Gelächter dröhnte durch das Fort.

Frenchy faßte sich an den Kopf und lief zu Muggins Taylor.

„Boß, das ist es vielleicht."

„Was?"

„Das Fasten."

„Verstehe kein Wort."

„Der Fluß. Der Fluß da! Er wimmelt doch nur so von Katzenfischen!"

Muggins starrte ihn an.

„Jack, Karl, Dick, Ben, Hugh und Joe! Macht euch Angeln! Heute mittag gibt es Fisch!"

Dick Davids kam auf Frenchy zu.

„Ist das deine Idee, Sohn der Liebe?"

Frenchy nickte.

„Dann darfst du dich jetzt aufs Ohr legen. Muggins, was machen wir mit all den Fischen, die ich dir bringen werde?"

„Zuerst einmal fangen, du Idiot!"

Neun große weiße und gelbe Katzenwelse lagen auf dem Tisch, und Karl Snyder, der deutschstämmige Büffeljäger aus Texas, sagte: „Sie halten sich am Flußgrunde auf. Und ausgerechnet hier ist das Bett ziemlich tief. Es sind nicht die richtigen Köder."

Lay Anderson schlug sein Gesangbuch auf und rief schallend:

„Ein Hundsfott, wer dem Herrn nicht dankbar für jeden Fisch ist. Mount Zion — Nr. 36: Sprecht mir nach:

„O Love divine, how sweet thou art,
When shall I find my willing heart
All taken up by thee?"

„Bevor der Herr dein Herz in die Hände nimmt, muß er aber mit der Wurzelbürste den Ruß abkratzen!“ rief Hugh Nye spöttisch. Lay Anderson warf ihm einen finsteren Blick zu und las einen zweiten Vers vor.

„Die Zeit ist um“, sagte Jack Cowles, als er am Abend mit Muggins Taylor am Palisadenzaun entlangwanderte. „Comanchen würden jetzt sofort angreifen.“

„Sioux sind klüger. Ich glaube nicht, daß sie angreifen werden.“

„Meinst du, daß sie uns aushungern wollen?“

Muggins nickte. „Das wäre das einfachste für sie.“

„Dann sehen wir aber fein aus.“

„Darauf kannst du dich verlassen. Aber einen Vorteil haben wir dabei.“

„Welchen?“

„Sie setzen sich nicht gern der Kälte aus. Sie haben nicht die Nerven wie wir! Und wenn sie sich einige Male blutige Köpfe geholt haben, geben sie es auf. Wir müssen nur sehen, daß wir den Kampf so lange wie möglich hinausschieben.“

„Bei der Verpflegung? Das Pökelfleisch ist voller Würmer.“

„Besser das Fleisch als wir“, sagte Muggins Taylor und spähte hinaus in die untergehende Sonne.

VII. Kapitel

Die Cholera im Fort

„Infektionskrankheiten haben im Westen mehr Menschen umgebracht als Gewehre und Revolver. Cholera, Typhus und Ruhr brachen bei den damaligen Anschauungen über Hygiene und Sauberkeit sehr rasch aus, und sie verbreiteten sich mit Windeseile. Tuberkulose war so häufig wie heute der Schnupfen, und viele Menschen im Westen husteten Blut in ihr Taschentuch. Die Blattern und Schwarzen Pokken, Scharlach, Diphterie und Masern, das waren schon rechte Geißeln der Menschen, und die Heilmittel vermochten dagegen so gut wie nichts. Wundstarrkrampf, Malaria, Sumpffieber haben manchen starken Mann aufs Lager geworfen und nicht wieder aufstehen lassen. Lungenentzündung, Gallenblasen- und Nierenentzündungen, Magengeschwüre und Blinddarmentzündung waren Leiden mit nahezu unvermeidlich tödlichem Ausgang. Rheuma und Gicht machten Leute allmählich zu gespenstisch verzogenen Krüppeln. Die Grippe hatte oft Hirnhautentzündung und Tod im Gefolge. Die Geschlechtskrankheiten grassierten nicht weniger wie andere Seuchen, und ihr Siechtum gehörte zum schrecklichsten aller Schrecken. Hinzu kamen die sehr häufigen Blutvergiftungen nach Verletzungen mannigfaltiger Art, Tod durch Unfälle mit Knochenbrüchen und anschließend Embolien und Thrombosen. Tod durch zahllose Raubtiere und Bisse giftiger Insekten, Schlangen und sonstiger Reptilien, Tod durch Unwetter, Blitz-

schlag, Hagel und Kälte, durch Durst oder Hunger, durch die Kugel eines Banditen oder den Pfeil eines Indianers. Tod nach chirurgischen Eingriffen und durch die nahezu unvermeidliche Sepsis. Wer vom sogenannten ‚gesunden Leben' im historischen amerikanischen Westen spricht, der kann nicht ganz bei Troste sein und sollte sich darüber klarwerden, daß Gesundheit ein reines Lotteriespiel der Schöpfung war, bei dem es nur sehr wenige Gewinner gab.

Henry J. Kuykendahl in: Frontier Doctor, 1893

Die ganze Nacht hindurch geschah nichts. Jeweils sechs Mann standen Wache an den Palisaden und wurden alle vier Stunden abgelöst. Das Land ruhte in der Nacht, als hätte es nie einen Indianer gegeben.

„Ich wette, daß es keinen Fleck am Fort gibt, der unbeobachtet ist", knurrte Ive. Mit dem Schein des ersten Morgenlichtes wurde er von Mike Devin abgelöst. Der hagere Bursche aus Tennessee trat blinzelnd vor das Haus und stopfte sich das Hemd in die Hose.

Er nahm das Gewehr, das Ive ihm reichte, und rief den anderen, die ebenfalls abgelöst wurden, mit beißendem Spott zu: „Beeilt euch, Jungens, sonst tragen die Würmer eure Rationen weg!"

Die Männer hockten auf ihren Lagern. Überall standen ihre Waffen herum.

Auf dem Tisch waren die Rationen Pökelfleisch. Daneben lagen kleine Kanten Hartbrot. Frenchy stellte eine frische Kanne Kaffee auf den Tisch.

Die nächsten zehn Tage und Nächte rührte sich nichts. Mit brennenden Augen starrten die Männer durch die Schießscharten ins Land hinein, wo oft ganze Rudel von Antilopen und Elchen aus den Wäldern kamen und zum Fluß trotteten. Es war noch kälter geworden. Über den Fluß hatte sich zuerst eine feine Eisschicht wie eine glitzernd weiße Membrane gelegt. Von Tag zu Tag wurde das Eis weißer, undurchsichtiger und dicker.

Schweigend tranken die Männer den Kaffee dreimal am Tag. Schweigend sortierten sie dreimal am Tag die weißen Madenwürmer aus den Fleischbrocken. Schweigend kauten sie das harte Brot, das zwischen ihren kräftigen Zähnen wie morsches Gestein zersprang.

Am elften Tage peitschten einige Schüsse durch die Stille.

Ben Smith, der zum Fluß gegangen war, und dort mit einer Spitzhacke ein Loch schlagen wollte, um nach Fischen angeln zu können, sank neben der Spitzhacke lautlos zusammen und streckte sich auf dem Eis aus.

Über dem Gebüsch am anderen Flußufer zerflatterte eine kleine weiße Pulverwolke. Sonst war nichts zu sehen.

„Der zweite", knurrte John Beidler, und seine Miene blieb unbeweglich. „Hat noch jemand Appetit auf Fische?"

Die Männer starrten schweigend auf die Leiche auf dem Flußeis. Sie waren mager geworden. Ihre Augen lagen tief in dunklen Schatten.

Am Abend des elften Tages ging Muggins Taylor mit John McCormack zu dem Schuppen, der als primitive Toilette diente.

„Viele haben Durchfall", sagte Muggins.

„Kein Wunder", erwiderte John McCormack. „Das Pökelfleisch ist kaum noch genießbar."

„Muggins!" rief Joe King. „Komm mal her! Don geht es schlecht."

Don Perkins saß auf seinem Lager und hatte sich heftig erbrochen. Seine eingesunkenen Augen waren stumpf und matt. Heftige Wadenkrämpfe schüttelten seine Beine.

Lay Anderson, der neben ihm gesessen hatte, richtete sich auf.

„Sein Stuhl sieht aus wie Reiswasser", sagte er leise.

„Es kam ziemlich plötzlich. Durchfall haben wir ja mehr oder weniger alle von dem Fraß. Aber plötzlich bekam er eine spitze Nase, und als er was trank, kam es sofort wieder heraus."

Muggins beugte sich über Perkins.

„Don, leg dich wieder hin, das ist besser", sagte er leise und warf John Beidler einen sehr ernsten Blick zu.

„Soll ich ihm Tee machen?" fragte Frenchy. „Ich habe noch einen Beutel voll Sarsaparillastengel."

Muggins schüttelte den Kopf.

Don Perkins legte sich hin, ächzte und stöhnte und warf sich umher.

„Die Waden!" Don Perkins' Stimme war heiser und hohl und nicht wiederzuerkennen.

„Das läßt bald nach, Don", sagte Muggins. Er sah die anderen Männer an. „Laß ihn ganz in Ruhe. Das ist das beste." Er gab Paul McCormack, John Beidler und Zed Daniels einen Wink. Sie gingen nach draußen.

„Was ist es?" fragte John Beidler.

„Wenn mich nicht alles täuscht", antwortete Muggins schwer, „Cholera!" John McCormack und sein Bruder nickten.

„Es *ist* Cholera", sagte John. „Er hat das Erbrechen seit heute morgen und . . ."

„Weiß er es schon?" fragte Muggins.

John zuckte die Schultern.

Muggins rief die Männer zusammen.

„Männer, ihr wißt, was mit Don los ist. Wir vermuten, daß er Cholera hat!"

„Was?" schrie Jack Cowles.

Muggins nickte.

„Man kann nicht viel dagegen tun. Ich habe sie mal im Kriege erlebt. Auch in einem abgeschnittenen und belagerten Fort. Auch da war die Verpflegung so miserabel. Es fängt mit Durchfall an. Es packt nicht alle. Manche sterben schnell, andere langsam, einige werden wieder gesund. Ganz von selbst."

„Aber man muß doch etwas dagegen tun können!" sagte Nat McNash.

Muggins nickte.

„Es kommt darauf an. Unser Feldarzt ließ manche ununterbrochen heißes Zeug trinken und gab Kochsalzspritzen. Er hatte eine blaue Flüssigkeit, die er stündlich zu trinken gab. Hatte irgendeinen komplizierten Namen. Wir hatten das Zeug in der Apotheke."

„Und die hat Frenchy in den Fluß geschmissen!" schrie Les Brisbin.

„Wenn es am verdammten Futter liegt, dann muß eben Fleisch her!" meinte Link Martin. „Wir gehen sonst alle vor die Hunde, noch bevor wir eine einzige Rothaut gesehen haben."

Lay Anderson erschien an der Blockhaustür und gab Muggins einen Wink.

„Schau mal Don an."

Don Perkins lag auf seinem Bett und schrie nach Wasser.

Er hatte die Hände um die Kehle gelegt, und diese Hände waren verschrumpelt und verrunzelt wie die einer alten Waschfrau. Die Falten waren so welk geworden, daß sie stehenblieben. Das Weiße der Fingernägel hatte sich blau gefärbt.

„Wasser! Gebt mir etwas zu trinken. Ich werde verrückt vor Durst", keuchte er, und seine Stimme war noch heiserer geworden.

Muggins nahm einen Becher dampfenden Kaffees vom Tisch. Er griff unter Dons Nacken und flößte ihm die Flüssigkeit ein. Gierig schluckte Don.

Aber schon kaum, daß Muggins ihn wieder hingelegt hatte, erbrach Don den Kaffee wieder.

„Was — was ist es, Muggins? Sage mir — was es ist?"

„Cholera, Don!“ sagte Muggins leise.

„Cholera?“ Don Perkins sank nieder und starrte gegen den Boden des Bettes über sich. „Das — habe ich — mir gedacht! Cholera! Eigentlich — habe ich mir — mein Ende — anders vorgestellt.“

„Du bist ein kräftiger Bursche, Don“, sagte John Beidler. „Du wirst es schon machen.“

„Schau — in meine — Hose, dann siehst du — wie kräftig — ich bin“, stieß Don Perkins hervor. Er drehte den Kopf und blickte Muggins aus hohlen und matten Augen an. „Ich — ich will — meinen Revolver haben, Muggins!“

„Wenn es feststeht, daß du es nicht schaffst, wirst du ihn bekommen, Don, das verspreche ich dir!“

Don nickte.

„Wäre es nicht besser, wenn wir ein Haus räumten und ihn dort hineinlegten?“ sagte Zed Daniels.

Das geschah. Eins der Häuser wurde geräumt. Man brachte Don Perkins hinein und deckte ihn zu.

Die Männer begannen innerhalb der Palisaden umherzuwandern.

„Fleisch!“ murmelte Jam Miller, und dann schrie er laut: „Wir müssen frisches Fleisch bekommen!“

„Die Pferde!“ rief Les Brisbin.

„Nein“, sagte Muggins. „Nicht die Pferde. Die sind zu wichtig.“ Er schaute Jack Cowles an. „Jack, du bist der beste Reiter von uns. Es ist jetzt die Zeit, wo die Elche unten zwischen dem Salbeigebüsch äsen.“

Jack Cowles nickte grimmig.

„Bien, ich versuche es. Wer geht mit?“

Der russische Pelzjäger klopfte gegen seine Brust. „Ich, Söhnchen, gehe mit.“

„Macht euch fertig“, sagte Muggins. „In diesem Dämmerlicht habt ihr eine Chance. Du weißt, daß es wegen der Wache ist, Jack, nicht wahr?“

Jack grinste breit.

„Natürlich, ich wußte, daß du es nicht vergessen würdest."

Wenig später ritten die beiden Männer auf zwei Pferden aus dem Fort nach Westen. Die Männer hinter den Schießscharten starrten ihnen nach.

„Sie können nicht den ganzen Tag im Busch liegen und warten." Link Martin spuckte durch die Schießscharte. „Sie haben irgendwo ein Lager."

„Ein Lager ohne Feuer?" meinte Joe King. „Oder hat jemand nachts ein Feuer gesehen?"

Die beiden Reiter kamen nun an einem kleinen Hügel vorbei, auf dem eine Baumgruppe kahle Äste in den Himmel reckte.

„Du glaubst doch nicht im Traum daran, daß sie was anderes schießen werden als höchstens ein paar Rothäute!" sagte Jack Lake.

Immer kleiner wurden die Reiter.

Sie spornten nun die Pferde zu einem leichten Galopp an.

„Siehst du, wie sie sich freuen, daß sie die Beine wieder mal etwas schwingen können?" sagte Ive zu Jack.

Jacks Augen spähten wachsam umher. Sie ritten auf einen breiten Gürtel schulterhohes Salbeigestrüpp zu. Dahinter war der Wald.

„Es ist nichts, wenn Pferde zu lange stehen." Ive lachte. „Was glaubst du, welche Augen sie machen werden, wenn wir mit einem Elch zurückkommen. Dort in der Schneise wechseln sie um diese Zeit. Ich werde dir Cowboy zeigen, wie man einen auf dreihundert Yards Entfernung auf Blatt trifft. Hoh, mein Junge, gib acht, daß dir die Augen nicht aus dem Kopf fallen!"

Jack Cowles warf ihm einen mißgelaunten Blick zu.

„Ich denke an meinen Skalp, Ive."

„Ach was. Denken. Ihr Cowboys denkt viel zu viel. Das

kommt davon, weil ihr ständig untereinander seid. Ich war immer allein. Monatelang, manchmal sogar jahrelang, wenn es mit den Fellen einfach nicht werden wollte. Es gibt schlechte Plätze. Statt daß man sie einfach verläßt und sich was Besseres sucht, bleibt man, bis es kein Haar mehr im Busch gibt. Warum, Söhnchen, machst du dir Sorgen um deinen Skalp?"

„Sorgen? Du bist ja verrückt."

„Warum willst du nicht zugeben, daß du Angst hast? Ich habe oft Angst gehabt. Das muß sein. Wir haben die Cholera im Fort. Wir sterben, wenn es Zeit dazu ist."

„Hör endlich auf."

Der Pelzjäger lächelte breit. Er hielt das Gewehr in der Hand und hatte die Zügel um das Sattelhorn gelegt. Er lenkte es mit den Schenkeln.

„Nichts zu sehen!" murmelte Jack. „Aber ich habe es in der Nase. Gleich geht es los. Ich spüre das in allen Gliedern."

Der Pelzjäger legte den Kopf in den Nacken und schnupperte.

„So was riecht man, Söhnchen. Sicher geht es gleich los. Da vorne zwischen dem Wald und dem Ende des Buschgürtels sind sie."

„Die verdammten roten Hunde!"

„Ich kann sie ganz gut leiden. Ich habe lange mit den Creeks zusammen gelebt. Ich würde an ihrer Stelle jetzt auch da sitzen und noch etwas warten, bis die Kimme genauso groß ist wie einer deiner Jackenknöpfe."

„Du fällst ihnen wohl noch um den Hals, wenn sie dir die Kopfhaut abziehen, was?" knurrte Jack.

„Aber nein. So nahe kommt nur einer an mich heran, wenn ich tot bin. Und mir ist es vollkommen egal, was sie meiner Leiche alles abziehen, das kannst du glauben."
Jack hielt das Pferd an.

„Warte!" zischte er.

„Damit ich ein gutes Ziel abgebe? Junge, komm, da vorne ist frisches Fleisch." Mit einem bis aufs äußerste konzentrierten Gesicht ritt Jack weiter.

„Siehst du, Jack, die Tiere sind viel besser dran als die Menschen. Die denken nicht. Die wittern und warten. Das ist alles. Wenn dann irgendwas passiert, tun sie schon was." Im gleichen Augenblick war Ive aus dem Sattel verschwunden. Schüsse krachten. Jack Cowles krallte sich in die Mähne des aufsteigenden Pferdes, aber das Tier warf ihn ab, und er stürzte in einen Dornbusch.

Der Pelzjäger sauste geduckt durchs Gebüsch. Rings um ihn herum schlugen Kugeln ein. Dann krachte seine Büchse, und hinter einem Baumstamm stolperte ein Indianer hervor. Ive warf das Gewehr weg, riß seine beiden Revolver hervor, kniete nieder und zielte seelenruhig auf das Dutzend hochgewachsener und schießender Gestalten, die von allen Seiten auf ihn zustürzten.

Als die letzte Kugel aus dem Lauf war, lagen vier Gestalten still am Boden, eine fünfte schleppte sich keuchend, wie ein weidwundes Tier, ins Gestrüpp, die anderen flohen.

Ive lachte dunkel. Er stand auf, und seine massige Gestalt ragte klar gegen den Dämmerhimmel auf.

Aus dem Wald krachte ein Schuß. Die Kugel flog dicht an seinem Kopf vorbei und klatschte in einen Baumstamm.

Ive blieb stehen. Als die Revolver versorgt waren, ging er zu seinem Gewehr. In dem Augenblick, da er sich bückte, fuhr es ihm streichelnd über den Rücken. Dann erst vernahm er den Schuß.

Sorgfältig lud er das Gewehr. Bedächtig legte er es an die Schulter, zielte kurz und schoß!

Dreihundert Yards entfernt fiel eine Gestalt steif wie ein Brett aus dem Busch und verschwand im hohen Gras.

„Sie lernen es nie", murmelte er. Er drehte sich um und ging zu Jack Cowles zurück, kniete nieder.

„Wo hat es dich erwischt, Söhnchen?"

„In — die — Brust!"

„Hm, zeige mal her. Das sieht aber gar nicht gut aus."

„Du — hast recht — gehabt!"

„Sicher, Söhnchen. Ich bleibe bei dir, bis du tot bist."

„Nimm mich mit, Ive."

„Das hat keinen Sinn."

„Ich will nicht, daß sie mich skalpieren. Die Commanchen — haben meine Mutter — und meinen Bruder —, es war ein scheußlicher Anblick — ich möchte nicht . . ."

„Warum müßt ihr Cowboys so eitel sein? Warte." Ive erhob sich. Nach einer Weile kam er zurück und warf fünf bluttriefende Haarbüschel Jack in den Schoß.

„Da", brummte er lächelnd. „Das wird dich über den Verlust deines Skalps trösten."

„Ich — habe — Durst."

„Die Flasche hing am Sattelhorn. Die Pferde sind weg."

„Schöne Jagd."

„Ich werde Fleisch bringen, Söhnchen. Und, weißt du, wie ich es mache?" Ive setzte sich, vollkommen unbekümmert, daß es um sie herum von Sioux wimmeln mochte. Er holte eine Pfeife aus der Pelztasche, stopfte sie und entzündete sie. „Sobald du tot bist, gehe ich in den Wald. ich werde sie jagen wie Kaninchen, vor mir hertreiben wie einen Wurf junger Dachse. Das ist ganz einfach. Alle Indianer haben eine bestimmte Taktik. Die ist ihnen von Jugend an erzogen. Sie können nicht anders handeln als danach. Sobald etwas geschieht, was nicht in ihren Kampfplan paßt, sind sie zuerst einmal verwirrt. Und wenn sie verwirrt sind, können sie gar nichts mehr tun, weder schießen noch sonst was. Nur noch laufen. Sie brauchen Zeit, um zu handeln. Wenn ein Mann ihnen die ganz einfach nicht läßt, kann er unter Umständen einen kleinen Stamm in einer Nacht ausrotten! Jack? Hörst du mich noch?" — Jack Cowles nickte.

In seiner Jacke waren fünf kleine Löcher. Die Jacke war zu dick, als daß das Blut so rasch durch den Stoff hätte sickern können. Deshalb sah man nur die kleinen Schußlöcher.

„Du hast doch ein schönes Leben gehabt, Jack", redete der Pelzjäger paffend. „Das weite Land, der große Himmel, Pferde und viele Kämpfe, nur um am Leben zu bleiben. Das nenne ich ein schönes Leben."

„Warum bist — du — denn — mitgeritten?"

„Du meinst, weil es hier um Geld geht? Ich wollte mal ein halbes Jahr in einer Stadt leben. Dazu braucht man viel Geld, wenn man Ive heißt. Sehr viel Geld. Weißt du, mit so einem neumodischen Anzug aus Papier und einem steifen Hut. Hotels, Saloons, Whisky, Frauen und jede Nacht ein anderes Bett. Und jeden Tag ein heißes Bad. Ein halbes Jahr lang, Jack. Das habe ich schon oft vorgehabt. Ich hatte auch schon mal viel Geld. Einmal sogar über 20000 Dollar. Dann kam ich an einem Wagen vorbei, in dem eine junge Frau mit einem Kind saß und heulte. Der Mann sah kräftig und gesund aus. Aber war tot. Stell dir vor, an einem Fleischbrocken erstickt. Kannst du dir das vorstellen, daß man an einem Stück Fleisch ersticken kann? Wenn es nicht bitter für die Frau gewesen wäre, hätte ich mich totgelacht. Well, ich habe ihr das Geld gegeben." Ive blickte auf Jack nieder. „Na? Wie fühlst du dich?"

„Ich bin — bald fertig", stieß Jack hervor.

Ive nickte.

„Ich hätte dich ja gerne zurückgetragen. Aber wozu das? Der Boden ist zu hart für ein Grab. Warum bist du eigentlich mitgeritten? Du hättest mit Vieh viel Geld verdienen können. Ich habe gehört, daß es in Dodge City jetzt hoch hergehen soll. Die Büffeljäger erzählen von riesigen Herden Longhorns. Da sind doch mehr Chancen für einen Mann wie dich als hier."

„Ich — habe einen — Marshal — erschossen“, hauchte Jack.

„Aha, weil du ein Hitzkopf bist. Weißt du, im Wald brennen keine großen Feuer. Da lernt man es, kleine zu unterhalten, die lange vorhalten. Oh, Jack, was glaubst du, welche Wälder Mütterchen Rußland hat!“

„Mir — ist — kalt.“

Ive beugte sich über Jack, öffnete die Jacke, warf einen Blick auf Jacks Brust und verschloß die Jacke wieder.

„Kann ich deine Uhr haben, Söhnchen? Das ist eine schöne Uhr. Die Kette ist aus blondem Frauenhaar geflochten.“

„Mei . . . Mutter . . .“ hauchte Jack Cowles.

„Ich werde sie in Ehren halten, Junge.“ Ive ergriff die Skalps und hielt sie hoch, daß Jack sie sehen konnte.

„Hier, Junge, für jede Kugel in deinem Leib einen. Schau sie an, dann vergißt du deinen eigenen.“

Jack schüttelte den Kopf, und dann war er plötzlich tot.

Ive suchte Jacks Hut und legte ihn ihm aufs Gesicht. Er schaute in den Himmel.

„Da reitet er auf einem frischen Bronco in den Himmel.“ Er suchte Jacks Gewehr und steckte seine Patronen in die Tasche. „Haha, jetzt warten sie darauf, daß ich zum Fort zurückgehe“, nach Art vieler Waldläufer redete Ive oft mit sich selbst. „Ich aber gehe in den Wald. Ehe sie das begreifen, bin ich drin. Und dann können sie was erleben.“ Die beiden Gewehre in den Händen schritt er mit seinem weitausgreifenden, federnden Gang aus und ging auf den Wald zu. Die Sonne war versunken, das leichte Licht am Horizont erloschen. Die schmale Sichel des abnehmenden Mondes warf so gut wie kein Licht mehr. Die Stille war vollkommen geworden, und kein Laut unterbrach sie. Der Sibirier bewegte sich lautlos wie ein Schatten. Er war ein Teil der Wildnis, ein Mann, der das Leben zwischen seinen kräftigen Zähnen festhielt.

VIII. Kapitel

Frisches Fleisch und Kugeln aus Blei

„Selbstmord war im Westen eine ganz und gar nicht ehrenrührige Sache und schon gar nicht ein Zeichen von Feigheit. Als Johnny Ringgold, der texanische Bandit und Revolvermann, in der wasserlosen Wüste von Arizona merkte, daß er keine Chance mehr hatte, mit dem Leben davonzukommen, erschoß er sich. Wenn ein Cowboy eine Tat vollbracht hatte, die gegen den ungeschriebenen Ehrenkodex verstieß, so stellte er, indem er sich selbst richtete, seine Ehre wieder her. Wurde ein Mann von einem tollwütigen Stinktier gebissen, so wußte er, daß er nach zwei bis sechs Wochen auch die Tollwut bekam. Er bat seine Gefährten, auf die Anzeichen zu achten, und erschoß sich, wenn es soweit war. Die Pelzjäger, Trapper und Mountain-Men hatten während der langen Jahre ihres Lebens in der Wildnis vieles von der mythischen Naturreligion der Indianer und von seinem stoischen Gleichmut übernommen. Es kam ihnen nicht darauf an, möglichst lange zu leben, sondern möglichst männlich zu leben. Sie hatten keine Angst vor Schmerzen, was die vielen Fälle von Selbstamputationen beweisen. Aber sie wollten nicht leben um den Preis der Selbsterniedrigung. Sie waren zu stolz, den Zeitpunkt ihres Todes der Natur zu überlassen, weil es ein markanter Wesenszug ihres Charakters war, sie zu überwinden und der Herr unter den Lebewesen zu sein. Sie wollten selbst bestimmen, wann ihr Leben zu Ende war.

Der moderne Mensch, dessen Hauptwesenszug die Existenzangst ist, hat kein Verständnis mehr für solch eine Geisteshaltung. Für ihn ist nicht die Art, wie man lebt, wichtig, sondern allein die Art, wie man möglichst lange lebt. Er nimmt es durchaus als selbstverständlich hin, sich selbst nur noch Minuten und Stunden um den Preis aller ewigen Seligkeiten zu erkaufen.“

Prof. James L. Logan in: The Morphology of the Historica Westerner, 1929

Als Frenchy sagte, daß Don Perkins tot sei, gingen die Männer zum Blockhaus hinüber, und Muggins Taylor trat an das Lager des Toten. Er hob Dons Augendeckel auf, fühlte an seine Halsschlagader, erfaßte den Kopf mit gespreizten Fingern und bewegte ihn leicht hin und her. Er nahm eine Hand auf und bewegte die Finger, dann hielt er die Fingerspitzen auf den Puls.

„Gib mir einen Spiegel“, sagte er, und Dave Poker griff in die Jackentasche und holte einen hervor. Muggins hielt ihn gegen den Mund Dons. Ein ganz leiser Hauch zeigte sich auf dem Glase.

„Er ist noch nicht tot“, sagte Muggins. Nun versuchte John Beidler es an Dons Arm.

„Ich spüre keinen Pulsschlag mehr.“ Er legte den Handrücken auf die Stirn. „Und ziemlich kalt ist er auch.“

„Er lebt noch. Geht, ich bleibe bei ihm.“

Die Männer verließen das Blockhaus. Nach einer Weile kam Lay Anderson. Er hatte das Gesangbuch in der Hand.

„Meinst du, daß er mich noch hört?“ fragte er.

Muggins zuckte die Schultern.

Anderson schlug das Buch auf.

Nap Mattis stand mit Lee Buckland draußen an einer Schießscharte.

Lay Andersons Stimme war nicht besonders laut, eher leise, doch draußen in der Stille noch gut zu hören.

„Gerade eben Jack und Ive und jetzt auch noch Don", Lee Buckland kämmte mit den Fingerspitzen durch seinen wochenalten Stoppelbart. „Das kann doch nicht richtig sein. So schnell. Don Hatte die Kraft eines Büffels. Von heute morgen bis jetzt. Ich habe selbst gesehen, wie er in Harpers Saloon den drei Zentner schweren Gipsindianer quer durch den ganzen Raum in den Spiegel hinein warf."

„Die Cholera fragt nicht danach, wieviel schwere Gipsindianer man stemmen kann. Wir werden alle draufgehen, Lee, alle."

„Gut, einmal ist jeder Trail zu Ende. Aber, beim Teufel, auf diese Art! Das ist schlimm, Nap. Jack und Ive haben wenigstens gekämpft. In Miles City, da habe ich mal was Verrücktes erlebt. Ich hatte gerade einen Frachtwagenzug nach Kalifornien gebracht und war mit einem Goldgräber aus Virginia City zurückgekommen. Vier Monate ritten wir zusammen. Er war gesund wie ein Grizzly, und genausoviel aß er auch. Also, in Miles City kleideten wir uns neu ein, tranken ein ganzes Flaschenregal leer und legten uns dann ins Bett. Als ich am anderen Morgen aufwachte, stank er und seine Finger waren hart. Zehn Minuten später gingen wir mit ihm los zum Friedhof."

„Und das Gold?" fragte Nap gähnend. Lay Anderson trat mit Muggins aus dem Blockhaus.

„Das Gold? Er hatte einen ganzen Sack voll, viel war nicht mehr übrig. Ich habe es seiner Frau nach Virginia geschickt. Ist Don tot, Muggins?"

Muggins nickte. An jedem Blockhaus brannte eine Laterne, die spärliches Licht verbreitete.

Er warf einen Blick in den Nachthimmel.

„Sobald die Mondsichel hinter der kleinen Wolke verschwindet, nehmt ihr ihn mit nach draußen und grabt ihn ein. Ich hole die Spitzhacken.“

Draußen im Wald krachte ein Schuß, dem sofort ein zweiter folgte.

Die Männer warfen die Köpfe hoch.

„Zwei Springfields!“ rief John McCormack.

Wenig später hörte man in rascher Folge weitere Schüsse, die aber nicht so peitschend scharf waren wie die ersten, sondern deren Echo stumpf und donnernd grollte.

„Peacemaker“, sagte John Beidler. „Dieser verdammte Ive jagt nach Skalps!“

„Ich sagte ja, daß man eine Kanone für ihn braucht“, erklärte Muggins mit einem grimmigen Lächeln der Erleichterung.

Fast zwei Stunden lang hörte man ab und zu die schmetternden Detonationen der schweren Springfieldbüchsen und das bellende Krachen der Colts. Dann war es wieder still.

Nap und Lee kamen zurück, und hinter ihnen wurde das Tor verriegelt.

Gegen Morgen brach plötzlich die Hölle los. Am Flußufer entlang krachten Schüsse. Blitzlichter zuckten durch die Nacht. Rauhe Kehllaute waren zu hören. Ein paarmal hörte man in dem dumpfen Krachen der schweren Sharpsgewehre, die die Sioux benutzten, die Springfields.

Die Männer standen an den Schießscharten und hatten die Finger am Abzug. Endlich tauchte eine schwankende Gestalt auf.

„Ich bin’s“, rief eine heisere Stimme, „Ive! Nicht schießen! Macht das Tor auf!“

Durch das Tor taumelte der riesige Pelzjäger, mit zwei Gewehren in den Händen, einem blutüberströmten Gesicht und zerfetzter Kleidung.

„Ich — habe es nicht — mehr geschafft. Die Kerle

waren zum Schluß doch schlauer als ich", keuchte er. „Die Keule liegt etwa eine halbe Meile von hier am Ufer. Sie haben mich förmlich unter ihr weggeschossen."

„Fleisch?" rief Les Brisbin.

„Ja, eine saftige Elchkeule. Vielleicht hundertfünfzig Pfund oder so was. Ich habe sie ihnen abgenommen." Der Pelzjäger lachte. „Die Gesichter hättet ihr sehen sollen, als ich ihnen die Bissen zwischen den Zähnen wegschoß. Manitou hat ein gutes Dutzend neue Söhne bekommen. Oh, ich bin müde. Ich lege mich aufs Ohr. Morgen nacht hole ich die Keule. Jetzt ist es zu spät. Es wird gleich hell. Sie sind ganz schön wütend. Was ist mit Don?"

„Begraben."

Ive nickte.

„Habe ich mir schon gedacht, als ich über die frische Erde stolperte. Übrigens, Frenchy, einer der ersten, den ich tötete, war dein Freund Regen-im-Gesicht."

Frenchy benetzte mit der Zunge die Unterlippe.

Es war gegen Mitternacht, als der Sibirier ohne seine Pelzjacke zum Tor ging. Muggins und Frenchy begleiteten ihn.

„Willst du nicht wenigstens einen Revolver mitnehmen?" fragte Frenchy besorgt.

Der Russe lachte breit und hielt ihm sein Bowiemesser, dessen breite Klinge mit rostbraunen Flecken bedeckt war, entgegen.

„Hier, Söhnchen, in der Dunkelheit ist das besser als ein Revolver. Der blendet einem nur die Augen, wenn man schießt. Und man kann ja schließlich nicht mit geschlossenen Augen schießen." Muggins öffnete den Torriegel. Die sechs Männer an den Schießscharten blickten Ive aus hohlen Augen an.

„Stell die Pfanne aufs Feuer, Söhnchen", rief der

Pelzjäger, und er war im gleichen Augenblick in der Dunkelheit lautlos untergetaucht.

Vergeblich strengte Frenchy seine Ohren an, aber er vernahm nichts als das leise Knistern des Windes in den froststarren Grashalmen.

„In Omaha, da kannte ich einen Saloon, in dem waren die T-Bone-Steaks groß wie Wagenräder", hörte man Mike Devin sagen, und Joe King knurrte dazwischen: „Hör auf damit, verdammt noch mal!"

„Sie verlangten einen Dollar fünfzig dafür, ein Schandpreis, aber dazu gab es dann geröstete Tomaten, noch heißes Sauerteigbrot und eine Soße, sage ich euch, die vor Backpflaumen stand."

Muggins rief Mike zu, daß er zu Dave Poker an die Schießscharte gehen sollte.

Der Tennesseer trat hohlwangig und mit breitem Grinsen aus dem Blockhaus. Beide Hände auf die Griffe seiner Revolver gestützt, sagte er mit rauher Stimme: „Es wäre vielleicht ganz gut, wenn wir zusammen gingen."

Muggins schüttelte den Kopf.

Er schaute in die sternenklare Dunkelheit, lauschte einen Augenblick und schüttelte nochmals den Kopf.

„Das macht Ive besser allein, Mike."

„Ich dränge mich nicht auf, aber ich bin seit heute abend genau siebzehnmal im Schuppen gewesen. Mein Stuhl ist rot."

Die Männer blickten ihn ernst an.

„Dann gehörst du ins Blockhaus", sagte Muggins.

„Ich werde nicht in einer Bunk vor die Hunde gehen. Hörst du, Muggins, ich nicht. Bei mir fängt es an. Tom und Pete sind auch morgen früh soweit."

Muggins ging auf den Tennesseer zu, drehte ihn halb um, damit man im Licht der Kerosinlampe sein Gesicht sehen konnte. Das hagere Gesicht des jungen Revolvermannes war knochig geworden. Die Haut hatte eine graue Farbe angenommen und schon zahlreiche Andeutungen von scharfen Falten. Die Lippen bildeten einen scharfen, an den Winkeln leicht nach unten gekrümmten Strich.

„Nein, Mike, er kann keinen Mann dabei gebrauchen, der sterben will. Das mußt du verstehen, Junge. Die Sache ist zu ernst und gefährlich. Wenn du sterben sollst, so warte es ab. Kugeln haben die da draußen immer genug für dich."

Mike Devin drehte sich auf dem Absatz um und ging ins Blockhaus. Hier ruhten die Männer auf den Lagern und rührten sich kaum. Lediglich Dave saß am Tisch und spielte im Schein der Lampe mit einem imaginären Gegner Poker.

Mike Devin blickte Pete Savage an. Dann Tom Jameson.

„Na? Wie lange wollt ihr denn noch daliegen und darauf warten, bis die Wadenkrämpfe losgehen? Bis ihr jeden Atemzug erbrechen müßt?"

„Nehmt die Mäntel und Decken und geht rüber", sagte John Beidler.

„Es ist nichts als normaler Durchfall", knurrte Tom Jameson, dessen Stimme heiser geworden war.

Pete Savage erhob sich. Sein Hals war faltig geworden. Ausdruckslos blickte er Tom Jameson an.

„Nun komm schon, Pete, drüben haben wir mehr Platz."

„Wie wäre es, wenn wir drei uns draußen einen Spaß erlaubten?" sagte Mike Devin mit einem Lächeln, das in seinem faltigen Gesicht nur ganz langsam wieder starb. „Bei uns in Tennessee gibt es viele Möglichkeiten, sich gegenseitig mit Anstand und Würde das Lebenslicht auszublasen!"

Zed Daniels packte ihn am Arm.

„Sei nicht verrückt, Mike. Frenchy wird euch viel heißen Kaffee machen. Und heißes Salzwasser. Ihr seid kräftig. . ."

„Das war Don auch", Mike winkte mit einer müden Geste ab. „Die Kräftigsten erwischt es zuerst. Wie ist es, Jungens? Ich schlage vor, daß wir rausgehen, und zwar in westlicher Richtung. Hinten an den Zedern veranstalten wir dann einen Feuerzauber, daß Ive in Ruhe seine Keule abräumen kann."

Muggins Taylor hatte Mikes Sachen zu einem Paket zusammengerollt.

„Gehn wir, Mike. Spiel morgen früh verrückt, aber nicht jetzt."

Als Tom Jameson Mike zunickte, ließ der Tennesseer die Schultern sinken.

„Wir brauchen jeden Mann, Mike."

„Jeden gesunden Mann!"

„Nein", donnerte Muggins, „jeden, der einen Finger krumm machen kann! Und solange du das fertigbringst, bleibst du hier, verstanden? Wenn du nicht mehr gehen kannst, wirst du eben an eine Schießscharte getragen! Im übrigen hat jeder, der krank wird, etwa zwanzig Prozent Chancen, daß er es übersteht."

Mike grinste trübe.

„Ein Fünftel von uns bliebe also, falls wir alle krank werden, am Leben, um sich mit den Sioux herumzubalgen. Fein, dann werde ich zu diesen sechs Mann gehören." Er nahm Muggins das Bündel ab und marschierte mit unsicheren Schritten vor Tom und Pete hinüber zu dem leeren Blockhaus. Frenchy kam mit einem Armvoll Holz hinterher. Muggins blickte sich im Blockhaus um und fragte, wer noch blutigen Stuhl hätte.

„Das nicht", meinte Joe King, „aber ich renne jede halbe Stunde."

„Wie sieht es aus?"

„Wie Mehlsuppe, und ich bin verdammt schlapp. Als

Mike von Steaks sprach, wurde ich fast verrückt, ich hätte . . .“

„Das nächste Mal sage mir Bescheid, damit ich es mir ansehe“, meinte Muggins Taylor.

Mit Zed Daniels, John Beidler, den McCormackbrüdern und Ed Bolenbaugh ging er zu den Schießscharten. Er hörte, wie Frenchy im Blockhaus ein Feuer anfachte und Mike Devin mit seiner heiseren Stimme sagte:

„Der kleinen Schwarzhaarigen in Bozeman habe ich ein Kleid versprochen. Echtes Pariser Modell. Zweihundertzehn Dollar. Das wird sie kriegen, verlaßt euch drauf. Sage, Frenchy, du Sohn einer Kanone, wieso bist du eigentlich nicht krank?“

„Weiß ich nicht, Mike.“

„Hast du denn keinen Durchfall?“

„Nein.“

„Da seht ihr, wie gerecht es eingerichtet ist. Der Koch ist immer der letzte. Er geht zuletzt schlafen, ißt und trinkt als letzter, und er geht auch als letzter drauf. Jetzt legt sich unser sibirischer Grizzly gerade eine Rothaut nach der anderen auf den Teller. Paßt auf, gleich . . .“

Östlich vom Fort, irgendwo tief im Ufergebüsch, zuckten plötzlich peitschende Flammen durch die Nacht, und die schweren Detonationen rollten wie ein Gewitter über das Land.

Mike Devin stürmte aus dem Haus.

„Bleib drin, Mike! Wenn es brenzlig wird, hast du immer noch Zeit genug.“ Das war der Neger Nap Mattis. „Frenchy, mir ist was Wichtiges eingefallen. Auf Kuba habe ich mal eine Choleraepidemie in den Zuckerrohrpflanzungen gesehen. Sobald die Kranken kalt wurden, hat man sie mit heißen Tüchern bedeckt.“

Wieder peitschten Gewehrschüsse am Fluß.

„Das war etwas weiter“, sagte John Beidler und starrte über den Lauf seines Gewehres in die Dunkelheit.

Die McCormackbrüder kamen aus einem Blockhaus. Sie hatten die Revolvergurte abgelegt. In ihren Stiefeln steckten Bowiemesser.

„Genau an der Stelle, wo es jetzt kracht, wollte ich ein Hotel mit einem Saloon bauen“, sagte Dave Poker.

John McCormack schaute neben Muggins durch eine Schießscharte.

„Ich denke, wir gehen hin“, sagte er knapp.

„Wartet noch.“

Wieder zuckten gelbweiße Blitzlichter am Fluß auf, und dann ertönte plötzlich ein greller Schrei, und gleich danach noch einer.

Frenchy faßte sich im Blockhaus an den Kopf.

„Was — was — ist das?“

Mike Devin hatte sich in eine Bunk gelegt. Seine Beine baumelten über den Rand. Er hielt einen Becher heißen Kaffees in der Hand.

„Was das ist? Ives Messer ist das, mein Junge. Er ist ein Künstler.“ Devin zog eine lange schmale Klinge aus dem Stiefelschaft und hielt sie gegen das schwache Lampenlicht. „Weißt du, wie man einen Truthahn absticht? Mit einem einzigen gezielten Stich in den Halswirbel.“

Frenchy schüttelte sich.

„Ihr seid eine grausame Bande. Ich gäbe, der Himmel weiß was, darum, wenn ich nicht mitgegangen wäre.“

„Wir auch, Junge, wir auch.“

Am Fluß war das brechende Geräusch trockener Äste zu hören. Und dann war es plötzlich still. Und diese Stille hielt an. Die Männer im Fort standen steif in der kalten Luft und lauschten.

Muggins Taylor nickte John McCormack zu.

Die beiden Scouts schwangen sich über die Palisaden und waren im gleichen Augenblick verschwunden.

Eine halbe Stunde später rief Paul McCormack aus der Dunkelheit:

„Macht auf! Wir haben ihn!“

„Und das Fleisch!“ schrie Les Brisbin. „Was ist mit dem Fleisch?“

Durch das Tor kam Paul McCormack. Neben ihm wankte Ive, der den Arm um seine Schulter gelegt hatte und von McCormack gestützt wurde. John McCormack hatte eine schlanke Gestalt quer über der Schulter liegen.

„Wo ist das Fleisch?“ schrie Brisbin und stürzte auf John McCormack zu. John McCormack warf den jungen Indianer, der ganz in Büffelleder gekleidet war, zu Boden, wo er mit einem dumpfen Laut aufprallte.

„Kein Fleisch“, knurrte er, und er nahm den schlaff herabhängenden Arm Ives, legte ihn sich über die Schulter und stützte den Riesenmann.

„Bringt ihn ins Blockhaus“, sagte Muggins.

Sie legten Ive auf einen Tisch und schnitten seine Lederkleidung auf. „Na, wie sieht es denn aus?“ fragte Ive ächzend, als Zed Daniels ihn untersuchte.

„Du hast acht Kugeln im Leib.“

„Nimm sie raus.“

„Das wird keinen Zweck haben. Ist zuviel kaputt.“

Ives dunkle Augen verschleierten sich. Er biß sich die Lippen blutig und bäumte sich auf im Schmerz. Dann kehrte sein Bewußtsein zurück, als sie ihn in die Bunk legten.

„Das — Fleisch war nicht — mehr da. Tut mir — leid“, preßte er hervor.

„Du hast es nicht gefunden!“ rief Les Brisbin wütend.

„Doch. Die Stelle war leer. — Dann begannen sie zu schießen. Ich glaube es waren — sechs Rothäute. Den letzten habe ich . . .“

„Wir haben ihn mitgebracht“, sagte John McCormack. Er zog heftig an der Zigarre, die er sich angezündet hatte, jetzt aufleuchtete und einen raschen Schein über das breite Gesicht des Sibiriers warf.

„Verdammt noch mal! Du warst nicht vorsichtig genug. Du hast nicht aufgepaßt", rief Brisbin und stürmte hinaus.

„Wie fühlst du dich?" fragte Zed Daniels den Schwerverletzten.

„Wie fühlt man sich schon mit acht Kugeln im Leib!

„Wir haben eine Büchse mit Laudanum. Ich gebe dir . . ."

„Nichts da! — Ich mag das — Zeug nicht. — Muggins?"

„Ja, Ive?"

„Stimmt es, was Zed — sagte?"

„Beide Nieren sind kaputt, Ive."

Der Pelzjäger nickte mit zusammengepreßten Lippen. Der Schmerz kam in großen Wellen. Er war ein eisenharter Mann. Es waren nicht die ersten Schmerzen, die er ertrug, ohne einen Laut von sich zu geben.

„Gut. Ich will — meinen Revolver — haben."

„Frenchy, hole ihm seinen Revolver."

Frenchy lief nach draußen. Dort schrien Stimmen wild durcheinander, dann peitschten zwei Schüsse auf.

„Er hat den Indianer erschossen!" schrie Frenchy. Muggins stürmte hinaus. Les Brisbin stand mit rauchendem Revolver vor dem Sioux. Es war ein schlanker, junger Bursche, den die Männer des Forts gut kannten. Sein Name war „Kleines Messer". Er hatte ihnen viele Felle seiner Sippe verkauft, als sie noch Handel mit den Sioux trieben.

„Gib den Revolver her!" sagte Muggins rauh.

„Du siehst aus, als ob du dich darüber aufregst!" sagte Brisbin vorsichtig.

„Darauf kannst du dich verlassen! Gib den Revolver her."

„Zu was sollte die Rothaut gut sein? Was hätten wir mit ihr anfangen sollen? Sie hungern uns aus. Zur Hölle mit ihnen."

„Ich habe noch nie etwas dreimal gesagt!" meinte Muggins leise. „Der Mann war verwundet. Du bist ein Schwein, Les! Ich hätte den Jungen gesund gepflegt und gegen zwei Elche eingetauscht. Du hast drei Sekunden Zeit zu wählen, ob du jetzt die Waffe abgibst!"

„Und dann?" höhnte Brisbin. „Ich habe keinen Durchfall. Ich bin gesund. Ihr braucht meinen Zeigefinger!"

Er drehte sich um, und sein rauchender Revolver zeigte dabei auf Muggins Leib. Muggins holte aus und hieb ihm die Faust ans Kinn. Gleichzeitig fuhr sein rechtes Bein hoch und prellte ihm die Waffe aus der Hand.

Als Brisbin von der Wucht des Kinnhakens zu Boden stürzte, warfen sich Tim Settle, Jesse Harris und Jack Lake über ihn.

Die Männer begannen zu schreien. Sie wußten, daß man von den Sioux für den jungen Krieger zwei Elche bekommen hätte. Sie schlugen auf Brisbin ein, jemand riß ihn an den Haaren hoch, zwei andere hielten ihm die Arme fest, und ein halbes Dutzend Männer begann, ihre Fäuste in den stöhnenden Mann hineinzuschlagen.

„Genug jetzt!" gebot Muggins nach einer Weile, als Brisbin zusammenbrach.

„Man sollte ihn hinausschicken!" schrie Jam Miller. „Einfach vors Tor bringen!"

„Bringt ihn zum Schuppen. Schließt ihn ein. Wir werden beraten, was zu geschehen hat."

John Beidler und John McCormack brachten Les Brisbin zum Schuppen, der neben der Latrine lag.

Muggins teilte die Wachen ein. Anschließend versammelte er die Männer im Küchenblockhaus.

„Wir können zweierlei tun", sagte er. „Entweder im Fort bleiben oder versuchen, uns nach Billings durchzuschlagen. Ich brauche die Lage nicht zu erklären. Die Chance, daß wir uns in dem Zustand, in dem wir uns befinden, durchschlagen können, ist gleich Null."

„Also bleiben wir hier", sagte Ed Bolenbaugh tonlos.

Joe King ging hinaus. An der Tür rief er: „Du wolltest es ja sehen, Mug."

Muggins folgte ihm, und Zed Daniels setzte sich auf den Tisch. Er kratzte sich am Kinn.

„Fleisch", sagte er, „das ist das einzige Problem. Wir müssen sehen, daß wir zu Fleisch kommen. Ich könnte Brisbin den Hals umdrehen."

John McCormack winkte ab.

„Wenn es darum geht, ein paar Rothäute zu fangen, das wäre wohl was für uns, Paul?"

An den beiden lederhäutigen Scouts schien die Hungerzeit spurlos vorüberzugehen. Sie waren hager und knochig wie eh und je, und an ihren bedächtigen Bewegungen war kein Zeichen einer körperlichen Schwäche zu bemerken.

Muggins kam zurück.

„Und?" fragte Nap Mattis.

Muggins nickte. Kurze Zeit später erschien Joe King. Sein Gesicht war schweißbedeckt. Sein Atem flog. Er packte sein Bündel, schaute die Männer schweigend an und verließ das Blockhaus, um hinüber zu den anderen Kranken zu gehen.

„Wir werden es nicht alle bekommen", sagte Nap Mattis beschwörend. „Bestimmt nicht alle." Er trat zur Seite, um Frenchy vorbeizulassen. Frenchys blasse Lippen zuckten, als er sagte:

„Er will seinen Revolver haben."

„Sein Waffengurt hängt hinter dir", sagte Muggins zu Lee Buckland, und der Virginier drehte sich um, zog den großen Revolver aus dem Holster, überprüfte kurz die Trommel und warf ihn Frenchy zu. „Ist geladen."

„Er möchte, daß du zu ihm gehst, Lay." Frenchy

betrachtete scheu die große Waffe mit den abgewetzten Griffschalen. Lay Anderson griff unter seine Decken und nahm das Gesangbuch hervor.

„Riecht er die Hölle schon?“ Mit Frenchy ging er zur Tür. „Was ist mit dir?“ fragte er draußen. „Du zitterst ja. Glaubst du, davon hast du was?“

„Ich bin schuld an allem. Ich allein. Das geht mir nicht aus dem Kopf.“

„Ach was, da mach dir nur keinen schweren Kopf deswegen. Was kommen muß, kommt so oder so. Denk nicht so viel. Lies lieber mal in der Bibel. Du kannst doch lesen!“

„Der Gestank ist nicht zum Aushalten!“ unterbrach sie Brisbins Stimme aus dem kleinen Schuppen.

Lay Andersons faltiges Gesicht verzog sich.

„Ein Glück, daß Sünden nicht stinken. Sonst kämen wir nicht einmal zur Tür hinein. So ungefähr.“ Er stieß die Tür des Blockhauses auf.

Karl Snyder, der ganz in der Nähe mit dem Gewehr in den Händen auf seiner Wachrunde vorbeikam, pfiff leise ein Liedchen vor sich hin.

„Wo bist du denn so lange geblieben?“ stieß Ive ächzend hervor. Er lag auf dem Rücken und hatte den Mund weit offen vor Schmerz.

Lay Anderson nahm Frenchy den Revolver aus der Hand und legte ihn neben Ives Kopf.

„Da, soll ich dir vorlesen?“

„Yeah — den Psalm von — der Auferstehung.“

Umständlich blätterte Anderson in dem zerschlissenen Buch und befahl Frenchy barsch, daß er die Lampe näher rücken solle. „Und drehe den Docht etwas mehr raus. So ist es gut. Also . . .“

Während er mit monotoner Stimme las, nahm Ive den Revolver in die Hand und hielt ihn vor die Augen. Hin und wieder bäumte sich sein Körper im Schmerz auf, und manchmal stieß er pfeifend den Atem durch die Zähne. Aber sonst drang kein Laut über seine Lippen. Frenchy lehnte bleich an der Tür und betrachtete die Männer.

Tom Jameson lag regungslos auf dem Rücken, mit seinem schweren Soldatenmantel zugedeckt. Dicht an seiner Seite war eine kleine Schießscharte. Durch die starrte er hindurch.

„Es — geht schon — wieder los!“ rief Pete Savage gequält, und Frenchy ergriff eine Schüssel und schob sie unter Pete.

„Soll ich dir heißen Kaffee geben?“ fragte er. Mit der Schüssel ging er hinaus.

Am Tor standen Dave Poker und Ed Bolenbaugh.

„Eigentlich hatte ich noch nie so ein schlechtes Blatt wie jetzt“, meinte der Spieler. „Hierher wird nie ein Dampfer kommen. Es wird auch nie ein Armeefort geben und keine Stadt entstehen. Das war ein Hirngespinst von General Terry. Und wir sind darauf hereingefallen!“

Ed Bolenbaugh rieb die Hände gegeneinander. Er spähte kurz durch eine Schießscharte hinaus in die Dunkelheit, warf Frenchy, der im Latrinenschuppen verschwand, einen Blick nach und spuckte aus.

„Ich wollte ein Holzgeschäft gründen. Einen besseren Platz gibt es nicht. An den Wäldern hätte ich Tausende verdient. Und dann per Schiff den Fluß hinunter.“

„Flöße sind billiger.“

Ed schüttelte den Kopf.

„Habe ich mir alles schon ausgerechnet. Flöße für die Lager, trockenes Holz zum Hausbau. In drei Jahren hätte ich mir eine Villa in St. Louis kaufen können.“

„Jetzt bekommst du nicht einmal ein anständiges Grab.“

„Mit Fleisch wäre es gar kein so großes Problem, daß wir über den Winter kommen.“

„Auch wenn wir bis an die Dächer mit guten Vorräten eingedeckt wären, wir hätten kaum eine Chance. Sieh dich doch um. Es gibt nur noch einen Weg."

„Und?"

„Jemand muß versuchen, sich durchzuschlagen. Die Armee muß uns heraushauen."

Frenchy trat wieder aus dem Schuppen, die geleerte Schüssel umklammernd. So blieb er stehen.

„Yeah, warum schickt Muggins niemand?"

„Das wird er wohl bald tun. Ive wäre der richtige Mann gewesen."

„Ich halte die Idee, ein paar Rothäute zu schnappen, für gar nicht so übel."

In der Blockhütte verstummte Lay Andersons Stimme. Der hagere Mann kam heraus und wartete vor der Tür.

Innen krachte ein Schuß. Frenchy ließ die Schüssel fallen. Ed Bolenbaugh ging zu ihm hinüber und legte ihm die Hand auf die Schulter.

„Du hast dich gut mit ihm verstanden, nicht wahr, Junge?"

„Ausgerechnet Ive", murmelte Frenchy verstört. „Er — er war ein guter Mann. Gefühl hatte er, eine Seltenheit bei — bei . . ."

„. . . bei uns Raubtieren", vollendete der rothaarige Ed lächelnd. „Mein Junge, wir sind hier, weil wir alles gewinnen oder alles verlieren wollten. Jetzt sieht es so aus, als ob aus dem Gewinnen nichts würde. Ändert das etwas?"

Frenchy hob die Schüssel auf.

„Ich muß mich um die anderen kümmern. Pete Savage geht es schlecht."

„So ist das mit dem Charakter und dem Denken", meinte Ed sinnend. „Wenn Tiere Charakter hätten, wären sie schon vor Jahrtausenden ausgestorben. Und wenn sie denken könnten, auch."

IX. Kapitel

Verpaßtes Heldentum

„. . . in diesem Augenblick betrat ein kleiner gedrungener Mann die Postkutschenstation, mit einem langhaarigen Büffelfellmantel und ebensolcher Mütze. Er sah wie ein Bär aus. Ich hatte im Osten oft von Wegelagerern gehört und dachte sofort, daß dies einer der schlimmsten sein müsse. Er hielt eine doppelläufige Schrotflinte in der Hand und hatte um den Mantel einen Gürtel mit zwei riesigen Revolvern und einem schwertartigen Messer gebunden. Als er die Mütze abnahm, blickten mich seine Augen nicht nur an, sondern dieser Blick ragte noch mindestens eine Handbreit aus meinem Rücken heraus! Der Mann am Schalter nannte ihn ‚X', und der Kutscher, ein Mann, der hundertprozentig aus Granit gemacht war, nannte ihn ebenfalls ‚X'. Nachdem wir dreihundert Meilen gefahren waren, wußte ich, daß ganz Montana ihn ‚X' nannte, und sich Banditen das Hemd über die Ohren streiften, wenn er in einer Kutsche saß."

William Randall in: Impressions of „X" Beidler, 1869

„Unter den Männern, die Sheriff Henry Plummer als das Haupt einer Bande von Räubern und Mördern entlarvten, war der Bayer John Beidler der bemerkenswerteste. Das Vigilanzkomitee der Adlerschlucht richtete folgende Personen hin: am 21. 12. 1863 George Ives in Nevada City —

4. 1. 1864 Erastus Yager und G. W. Brown im Stinkingwater Valley — 10. 1. 1864 Henry Plummer, Ned Ray und Buck Stinson in Bannack City — 14. 1. 1864 George Lane, Frank Parish, Haze Lyons, Jack Gallagher und Boone Helm in Virginia City — 16. 1. 1864 Steven Marsland in Big Hole Ranche — 19. 1. 1864 William Bunton in Deen Lodge Valley — 25. 1. 1864 Cyrus Skinner, Alexander Carter und John Cooper in Hell Gate — 25. 1. 1864 George Shears, Frenchtown — 25. 1. 1864 Robert Zachary, Hell Gate — 16. 1. 1864 Whisky Bill William Graves, Fort Owens — 3. 2. 1864 William Hunter, Galatin Valley — 11. 2. 1864 Dutch John Waggoner und Joe Pizanthia, Bannack City."

Prof. Thomas J. Dimsdale
in: The Vigilantes of Montana, 1865

John McCormack schloß den Schuppen auf und lächelte Les Brisbin an. Der Tod eines Indianers war für ihn kein Ereignis, an das er einen Gedanken verschwendete.

„Er hätte sowieso nur noch ein paar Stunden gelebt", sagte er. „Das war dein Glück."

Les Brisbin blinzelte in die Morgensonne. Der Tag war kalt und kristallklar. Aus den Schornsteinen der Blockhäuser kräuselte sich schmaler Rauch.

Les Brisbin ging mit hölzernen Schritten zum Küchenhaus.

Dort stand Zed Daniels an dem Pökelfleischfaß und schaufelte mit einem großen Holzlöffel die Tagesration für jeden Mann auf die Teller.

Wortlos ließ sich Les auf einem Lager nieder und kaute an dem Hartbrot.

„Das Wasser wird knapp", sagte Link Martin.

Jam Miller benetzte mit der Zungenspitze die Unterlippe: „Ben liegt immer noch draußen auf dem Eis.

Sie machen uns vollkommen fertig! Wie lange wollen wir hier noch herumsitzen und keinen Finger rühren."

Durch das Fenster schaute Muggins Taylors kantiger Kopf. „Zehn Männer an die Flußseite", befahl er. „Haltet das andere Ufer unter Feuer, ich hole Wasser!"

Zehn Männer postierten sich an die Südseite der Palisaden und schoben die Gewehre durch die Schießscharten. Vor ihnen lag der Fluß mit seiner weißen Eisdecke. Er war etwa zweihundert Yards breit. Das andere Ufer bedeckte hohes Gestrüpp, in dem sich ein paar hundert Sioux verbergen konnten, ohne gesehen zu werden.

In einem Umkreis von etwa achthundert Yards sah man rund um das Fort neun Rauchfahnen in den windstillen Himmel steigen. In einer Ecke des Forts wölbte sich der frische braune Hügel, unter dem Ive begraben lag.

Muggins Taylor entledigte sich der schweren Jacke, gab einem der Männer seinen Waffengurt, ergriff eine Spitzhacke und ging hinunter zum Fluß.

Nichts geschah. Die Männer an den Schießscharten hatten die Finger am Abzug. Muggins betrat die Eisdecke, ohne auf seine Umgebung zu achten, und riß den Toten, dessen Kleidung angefroren war, vom Eis weg. Mit der Spitzhacke schlug er ein Loch. In diesem Augenblick erschienen plötzlich am anderen Ufer weiße Pulverwölkchen. Rechts und links neben Muggins jaulten Kugeln vorbei, schlugen in den harten Boden oder klatschten in den Palisadenzaun. Dann erst fauchte der Schall der Schüsse über den Fluß.

Die Männer begannen zu schießen. Sie setzten ihre Kugeln dicht über das Ufereis in das Gestrüpp der Böschung. Muggins schulterte den Toten und kam zurück. Dann ging er mit zwei Eimern zum Eisloch und kehrte unter dem Feuerschutz der Männer zurück.

Es gab sechs geteerte Büffelbälge im Fort, die zwischen starken Stangen hingen und als Wasserspeicher dienten. Zwei Eimer voll Wasser deckten kaum den Boden. Taylor hatte ein hübsches Stück Arbeit vor sich, bis er den Vorrat aufgefüllt hatte.

„Wie konnten sie Ben nur mit den ersten Schüssen treffen", sagte Hugh Nye. „Die Burschen schießen miserabel. Wenn ich ein Gewehr in den Händen eines Sioux wäre, würde ich mich vor Scham krumm biegen."

Jack Lake stieß ein närrisches Gelächter aus, das wie das bellende Husten eines Coyoten klang.

„In meiner Hand würdest du vor Stolz gerade wie das Gewissen eines Pfarrers bleiben", rief er, riß die Springfield an die Schulter, zielte kurz und schoß.

Am anderen Ufer sah man eine Gestalt mit ausgebreiteten Armen hochspringen, ein paar Schritte auf das Eis hinaus taumeln und dann zusammenbrechen.

„Der hat nicht einmal gespürt, wie seine schwarze Seele zu Manitou gefahren ist!"

„Spotte nicht. Keine Indianerseele kann so schwarz sein wie deine!" knurrte Lay Anderson und feuerte sein Gewehr auf das Westufer ab, wo etwa hundertfünfzig Schritte von dem mit überschwappenden Ledereimern dahinrennenden Muggins entfernt nun ebenfalls Pulverwölkchen über dem Gebüsch standen. „Sie schießen, weil man ihnen ihr Land wegnimmt. Deinen Namen habe ich auf vielen Steckbriefen gelesen!"

Der kleine Jack Lake schaute mit einem schiefen Blick zu dem hageren Anderson empor.

„Du liest zu viel", knurrte er. „Du gehst mir schon lange auf die Nerven, das kannst du mir glauben.

Eine ganze Stunde rannte Muggins Taylor im Kugelhagel der Indianer und dem Feuerschutz seiner Männer zwischen Tor und Wasserloch hin und her.

Dann war einer der Büffelbälge prall gefüllt.

John Beidler schlug das Tor hinter ihm zu, und dabei fiel sein Blick zufällig auf Muggins Füße.

„Du bist ja verletzt!"

Muggins nickte.

„Ich weiß. Gleich beim zweiten Mal." Im Küchenhaus legte er sich auf den Tisch. Zed Daniels mußte den Stiefel aufschneiden.

„Die Kugel steckt im Knochen", sagte er.

Muggins nickte.

„Da darf sie nicht drin bleiben. Also nimm sie raus."

Vier Männer hielten Muggins fest, als Zed die Kugel mit einem Messer herausgrub. Danach wurde Pulver aus einer aufgebrochenen Patrone in die stark blutende Wunde geschüttet und abgebrannt. Zwischen Muggins Zähnen zersplitterte das Stück Holz, das man ihm in den Mund geschoben hatte. Er wurde grau wie ein Handtuch und rang keuchend nach Luft. Stechender Brandgeruch erfüllte die Hütte. Dann verband Zed Daniels die Wunde und sagte, daß Muggins in einer Woche wieder in Ordnung sei.

Wenig später waren die MacCormackbrüder bereit, um ein zweites Mal zu versuchen, Fleisch zu holen.

Die Sonne stach senkrecht auf Fort Pease nieder, als sie durch das Tor traten. Sie wendeten sich nach Osten. Verbergen war zwecklos, und deshalb bemühten sie sich gar nicht erst darum.

Lay Anderson sagte zu Zed Daniels, während sie durch eine Schießscharte die beiden beobachteten:

„Das nächste Mal sind wir dran. Vor tausendachthundertfünfundsiebzig Jahren war Gott auf der Erde und erlöste die Menschen. Auch uns. Nicht vorzustellen. Aber bald, Zed, wissen wir's genau."

Zed Daniels nickte schläfrig. Er sah zu, wie die beiden MacCormackbrüder im Gebüsch verschwanden. Dann schlurfte er zum Blockhaus, in dem die Kranken lagen.

Dort warf er einen Blick auf Pete Savage, der steif und gerade wie ein Stock in seiner Bunk lag und teilnahmslos und mit weitgeöffneten Augen nach oben starrte, auf die quergelegten Birkenäste des oberen Bettes. Seine Gesichtshaut war welk und grau und runzelig geworden. Er sah wie ein uralter Mann aus. Der Adamsapfel ragte wie ein spitzer Kegel aus dem dürren Hals.

Frenchy saß neben ihm und bewegte ab und zu vorsichtig mit den Fingerspitzen Petes Augenlider auf und ab.

„Was machst du denn da? — Was ist mit ihm?"

„Muggins sagt, daß ich ihm die Augenlider bewegen soll, sonst würde die Hornhaut zu trocken."

Zed kniete nieder.

„Pete", rief er, „sieh mich an!"

Pete rührte sich nicht. Aber seine Brust hob und senkte sich, und er schien offenbar Mühe mit dem Atmen zu haben.

Zed rüttelte ihn.

Pete zeigte keine Regung.

Da nahm Zed sein Messer aus dem Gürtel und stach die Spitze etwa zwei Millimeter tief in die Haut von Petes Hals. Der Kranke rührte sich nicht, nicht einmal ein Augenlid zuckte.

Zed Daniels stand auf und blieb einen Augenblick stehen. Er wischte sich über die Augen, weil die Schwäche für einen Moment einen Vorhang aus schwarzen Nebeln vor seinen Blick legte. Dann wanderte er an den Bunks vorbei. Tom Jamesons Beine zuckten in heftigen Wadenkrämpfen.

Mike Divin starrte seine runzeligen Hände an.

„Deine Nase ist spitz wie eine Messerschneide", sagte Zed. „Für dich weiß ich ein gutes Mittel, Mike."

„Was?" krächzte der Revolvermann heiser.

„Denke an was, das dich in Wut bringt. Ich habe

einen aus Tennessee gekannt, der hatte drei Kugeln in der Lunge und eine im Bauch. Aus bloßer Wut darüber, daß der Schießheld mit seinem Mädchen davongelaufen war, ist er am Leben geblieben."

„Das läßt mich kalt. Ein Mädchen, das ist für mich ungefähr so aufregend wie eine Krawatte, die man sich umbindet, wenn Sonntag ist."

„Es muß doch irgendwas geben. Denke nach."

„Warum bist ausgerechnet du so besorgt um mich?" Mikes Stimme klang angestrengter. Das Sprechen schmerzte in seinem trockenen Hals.

„Dich wollte ich zu meinem Partner machen."

„Sieh einmal an, davon weiß ich ja gar nichts."

„Das hättest du schon rechtzeitig erfahren. Ich glaube an diesen Platz. Auch wenn wir hier vor die Hunde gehen sollten, werden die Schiffe kommen. Sie werden ein Fort bauen und Häuser und Hotels und Geschäfte. Es ist Regierungsland, das . . ."

„. . . vorläufig noch den Sioux gehört."

„Nicht mehr lange, Mike. Ich habe diesen Trip mitgemacht, weil Pease ihn unternahm. Ich hätte aussteigen sollen, als er umkehrte und uns reinlegte."

Joe King, der von Frenchy einen Becher heißen Kaffee erhalten hatte, machte eine Handbewegung, in der die ganze Schwäche seines Körpers lag.

Seine Stimme war leise und sehr mißtönend.

„Ist doch ganz einfach. Die Armee braucht Tote, um eingreifen zu können."

Zed nickte.

„Das ist es ja, was Muggins nicht begreifen will. Daß wir ein Köder für die Rothäute waren, von Anfang an."

Muggins Taylor trat mit John Beidler in die Hütte.

„Vielleicht gibt es bald Fleisch", sagte er und stützte sich schwer auf eine aus harten Ästen gefertigte Krücke, deren Gabel fest unter seiner Achselhöhle ruhte.

Mike stieß einen bellenden Laut aus.

„Fleisch! Für uns? Zu spät. Wir sitzen fest, verloren und vergessen. Nur noch Joe behält den Kaffee in sich."

„Du solltest etwas vorsichtiger mit deinen Beschuldigungen sein, Zed", sagte Muggins scharf zu Daniels. Der winkte ab.

„Ach was! Weißt du, Mug, ich rege mich ja gar nicht darüber auf, daß wir hier in der Falle sitzen. Wir wußten, daß es kein Spazierritt war. Aber wenn du mir jetzt noch dein altes Lied von der glorreichen Armee der Vereinigten Staaten singen willst, das regt mich auf." Er legte die geballte Faust auf den Tisch. „Alles stimmt, was du sagst. Daß sie ein Fort gründen wollen. Daß die Schiffe kommen und eine Stadt entstehen soll und daß es dann hier einen Haufen Geld zu verdienen gibt. Aber sie haben Verträge mit den Rothäuten gemacht. Deshalb können sie kein Fort bauen. Deshalb können sie nur etwas machen, wenn hier die weiße Besatzung einer Handelsniederlassung umgebracht wird. Unser Tod ist die Pioniertat, die wir für Amerika zu leisten haben!"

„Schweig!"

„Fällt mir nicht ein. Im Vertrag steht, daß keine Weißen sich auf Siouxgebiet niederlassen dürfen. In Ordnung. Die Tatsache aber, daß dreißig Mann in aller Ruhe mitten im Siouxgebiet ein kleines Fort bauen konnten, bedeutet doch für die Außenwelt, daß die Sioux es geduldet haben, weil sie tauschen wollten. Natürlich. Aber wenn sie etwas dulden, so ist das eine Abmachung. Und wenn sie uns über die Klinge springen lassen, so haben sie die Abmachung gebrochen, und die Armee ist zuständig. Sie ist sozusagen der Rechtsnachfolger unserer Abmachung zwischen den Indianern und uns. Sie marschiert ein, sammelt unsere Knochen, stellt ein kleines Denkmal darauf, und wir sind Helden der Nation. Und dann geht es den Sioux auch in diesem

Gebiet an den Kragen. Fertig. Also, Mug, je mehr Tote es gibt, desto besser für Amerika! Glaubst du, diese dreißig Wölfe wären zusammengekommen, wenn sie nicht Pease in Zivil gesteckt hätten? Sie haben auch dich auf die Abschußliste gesetzt, Mug, deine glorreiche Armee."

„Du bist hier, weil du Gold graben wolltest."

„In den Taschen anderer, richtig. Jetzt graben wir nach Blei. Und nicht einmal mehr das. In Ordnung. Das ist eben das Risiko. Aber ich kann deine verdammten Augen nicht mehr sehen, wenn du von der Armee redest. Die Armee sitzt in Fort Ellis im Trockenen und schließt Wetten darüber ab, wann wir hier von den Wölfen gefressen werden."

Mike Devon drehte den Kopf herum und starrte Muggins Taylor an.

„Wenn ich hier rauskomme, werde ich dem Major Pease einige Fragen stellen. Und jede dieser Fragen wird genau eine halbe Unze schwer sein."

Zed Daniels lachte ihn meckernd aus.

„Jetzt hat er seine schöne Wut. Wut ist für einen solchen Jungen besser als Fleisch. Das wirst du sehen. Schau dir mal Pete an. Du kennst ja was von Cholera. Man kann ihm die Hand abschneiden, er spürt es nicht."

„Frenchy, wasche ihn heiß ab. Versuche ihm Kaffee einzuflößen." Muggins hob den Kopf und lauschte. Niemand im Fort tat irgend etwas, ohne nicht in kurzen Abständen zu lauschen. Aber es krachte kein Schuß am Fluß. Es blieb still, wie es war. Und kalt. Langsam wanderte der gleißende Kern der Sonne dem westlichen Horizont zu, und die Minuten reihten sich aneinander wie Unendlichkeiten auf einer Schnur. Plötzlich, etwa drei Stunden nachdem die McCormacks das Fort verlassen hatten, hörte man irgendwo in den Hügeln zwei dünne Schüsse. Danach war es gleich wieder still. Und es blieb weiter still.

„Wenn wir die McCormacks auch noch verloren haben, sieht es nicht gut für uns aus", sagte Dave Poker. Der Spieler hockte vor dem Feuer und hielt ausnahmsweise einmal nicht seine Karten in der Hand. Er holte ein kleines Büchlein aus der Hemdtasche, blätterte es auf und sagte: „Sie schulden mir zusammen dreihundertachtundneunzig Dollar."

Nap lachte.

„Dein Herz ist ein Kreuz-As, wie?"

„Du stehst mit hundertsechzig Dollar bei mir im Buch, Nap."

„Pferdemist. Du bekommst das Geld, wenn ich hier rauskomme. Und wenn ich dir dafür einen Grabstein kaufe und ihn hierherbringe und auf deinem Grab aufstelle."

Poker lächelte sparsam.

„Spieler sind eine zähe Rasse, Nap. Und einen klugen Kopf müssen sie auch haben. In Virginia City zum Beispiel, da habe ich nur ganz wenige Spieler gekannt, die nicht mehr Gold als die Goldwäscher selbst in ihren Satteltaschen hatten, als sie davonritten."

John Beidler betrachtete den Spieler aus halbgeschlossenen Augen.

„Und anschließend wurden sie gehenkt, weil sie es den Goldgräbern gestohlen hatten. Du kannst von Glück sagen, Dave, daß du gerade damals, als wir aufräumten, nicht in der Alderschlucht warst."

Dave Poker antwortete nicht. Aber er lächelte höhnisch, herablassend.

John Beidler verschränkte die Arme vor der Brust und warf Nap Mattis einen Blick zu.

„Spieler sind vor allem eine sehr überflüssige Rasse, und eine sehr üble dazu." Er lächelte Dave Poker salzig an. „Ich hatte schon alles fertig, Dave, damit du baumeln konntest. Aber ich konnte nicht wissen, daß dir die Hinrichtung deines Freundes George Ives so nahegegangen war, daß du Hals über Kopf verschwandest. Nun warte ich schon zwei Monate darauf, daß du mich fragst, was deine Freunde Parish, Gallegher, Helm, Lyons und Lane gesagt haben, als ich die Kisten unter ihren Füßen wegtrat."

„Das ist zwölf Jahre her. Ich will nichts mehr davon wissen."

„Kann ich mir denken. Aber es gibt da noch etwas zu regeln."

„Was?"

„Du warst dabei, als der alte Brighton ermordet wurde."

„John, ich habe mich nie an Überfällen beteiligt. Das ist gegen meine Natur. Ich habe noch nie Kugeln gebraucht, um an anderer Leute Geld zu kommen. Das machen meine Karten viel besser."

„Stimmt. Obgleich Buck Stinson gesagt hat, daß du dabeigewesen seist."

„Das ist eine Lüge."

„Kann schon sein. Aber du hast Buck Stinson, Hoze Lyons und Charley Forbes im Kartenspiel zweiundzwanzigtausend Dollar abgenommen, die sie dem alten Brighton geraubt hatten."

„Und?"

„Weißt du, warum ich Muggins vorgeschlagen habe, dich für dieses Fort zu gewinnen? — Ich wollte, daß du Geld zusammenkratzt. Ich weiß, daß du hier schnell zu Geld gekommen wärst. Ich hätte gewartet, bis du zweiundzwanzigtausend Dollar zusammengehabt hättest. Und dann hätte ich dir empfohlen, sie an Brightons Familie in Pennsylvania zu schicken."

Der Spieler stieß ein trockenes Lachen aus.

„Und ich hätte dir empfohlen, dir einen schönen Platz am Fluß auszusuchen, sieben Fuß lang, drei Fuß breit und vier Fuß tief. Was habe ich mit Brightons Familie zu tun?“

„Tom Brighton hat sich drei Jahre lang das Fleisch von den Knochen geschuftet. Und das nur, um solche Geier wie dich zu mästen.“

Der Spieler schüttelte den Kopf.

„Eigentlich schade, daß wir nun gemeinsam vor die Hunde gehen. Das Spiel hätte mich interessiert. Du hast mir in der Alderschlucht ein gutes Geschäft zunichte gemacht mit deinem Vigilanzkomitee. Daß du so viele Freunde von mir aufgeknüpft hast, stört mich nicht. Was sind schon Freunde! Ich habe nie Wert auf Freunde gelegt. Mein Hobby sind die Karten. Deins ist das Hängen!“ Dave Poker legte die Arme auf den Tisch und blickte die Männer in den Bunks an.

„Seht ihn euch an. Er ist klein und nichtssagend. Kaum ist man zehn Schritte von ihm weg, sieht man ihn schon nicht mehr. Und so schön, daß die Frauen hinter ihm herlaufen, ist er auch nicht. Der große, blonde George Ives war ihm ein Dorn im Auge. John Beidler wollte eine Rolle spielen. Deshalb redete er ständig von Recht und Gesetz, von Frieden und Ordnung, von harter Arbeit und Ehrlichkeit, von Aufbauen, Pioniertum und Amerikas Zukunft. Aber er selbst hat nie was aufgebaut. Er hat nie ein Geschäft gehabt, Gold gewaschen oder pioniert. Er hat immer nur auf Stühlen gestanden und einer andächtig lauschenden Menschenmenge seinen Ehrgeiz in die Ohren trompetet. Er war nie geldgierig. Sonst wäre auch er ein Bandit geworden. Er wollte, daß man von ihm redete, daß man ihn bewunderte, daß große starke Männer hinter ihm marschierten und große starke Männer vor ihm davonliefen. Und das hat er, verdammt noch mal, glänzend geschafft. Aber was ist von ihm übriggeblieben?“

„Dave, du bist ein Narr“, sagte John Beidler.

„O nein; denn ich weiß genau, was ich will: Geld will ich machen. Wie, das ist mir egal. Es ist mir auch egal, wem ich es abnehme. Ich habe keine gezinkten Karten. Ich zwinge niemand, sich an meinen Tisch zu setzen. Aber wer es tut, der muß damit rechnen, daß ich ihm das Hemd über die Ohren ziehe. Ich habe ein feines Konto in St. Louis auf der Southern National Bank. Mehr als hunderttausend blanke Dollars, John."

„So", sagte Beidler mit schmalen Lippen. „Dann wirst du hier also an deiner Geldgier zugrunde gehen. Das freut mich."

Dave Poker lächelte kalt.

„Alles oder nichts, das sind die Regeln. Dieser Platz war mir für hunderttausend gut. Ich wäre mitten in einem Spiel aufgestanden, wenn diese hunderttausend voll gewesen wären. Wer wie ich spielt, ist wie ein Wissenschaftler, John. Die Karten sind ein Geschäft. Ich glaube, meine Buchführung ist korrekter als die eines manchen Handelshauses am Mississippi. Aber du? Du wirst mit den Jahren weder größer noch ansehnlicher, noch stärker. Wenn es nichts mehr zu hängen gibt, wirst du uninteressant. Dann fliehst du ins nächste Abenteuer. Du kannst es dir mit deinem krankhaften Ehrgeiz gar nicht erlauben, irgendwohin zu gehen, wo keine Möglichkeit besteht, den Pionier und Helden zu spielen. Du hast doch ganz genau gewußt, was hier gespielt wird. Du bist nur mitgegangen, weil du hoffst, daß du unter den letzten vier oder fünf sein wirst, die von der Armee aufgelesen werden. Dann hast du wieder ein neues Ruhmesblatt, das du das nächste Jahr den Mädchen erzählen kannst, damit sie die Augen zumachen und dich nicht anzusehen brauchen. Ich weiß nicht, was ich darüber denken soll, wenn du mich einen Narren nennst."

Der stämmige John Beidler lächelte und schüttelte den Kopf.

„Du hättest wohl nichts dagegen, wenn ich jetzt zum Revolver griffe, was?"

„Nein, nichts. Denn jedesmal, wenn ich dich sehe, muß ich daran denken, wie du dich in der Alderschlucht aufgeführt hast."

Jetzt lachte Beidler zufrieden.

„Wir haben sie alle aufgehängt. Es war ein Volksfest. Und danach gab es keinen Überfall mehr, und die Goldsucher konnten unbehelligt mit ihrem Gold nach Hause reiten."

„All right, sie waren Mitglieder einer Bande. Sie haben Männer überfallen, sie beraubt und umgebracht. Viele waren Falschspieler. Ich habe nie falsch gespielt. Das habe ich nie nötig gehabt."

„Das ist der Grund, warum wir es nicht eilig hatten, dich aufzustöbern. Aber ich habe ein ganzes Jahr mit Brighton zusammen Gold gewaschen und gesehen, wie er Nugget zu Nugget legte, wie er trockenes Brot aß und Wasser trank, weil ihm der Wein und Whisky zu teuer war. Ich habe gesehen, wie er seine alte Cordhose immer wieder flickte, weil er keine zehn Dollar für eine neue ausgeben wollte. Und dann haben sie ihm einfach eine Kugel durch den Kopf geschossen, und du hast sein Gold in den Taschen gehabt. Es ist mir egal, wie du an dieses Gold gekommen bist. Mir genügt, daß es Brightons Gold ist und daß es keiner haben darf als seine Familie."

„Das Gold ist längst beim Teufel."

„Sicher. Wir wollen uns darüber unterhalten, wenn wir hier herauskommen sollten."

„Ich werde hier herauskommen."

Nap Mattis wischte sich über das schwarze Gesicht und zeigte seine großen weißen Zähne.

„Aha. Gentlemen, Mister Dave Poker wird uns jetzt verraten, wie es gemacht wird!"

Der Spieler blieb ernst.

„Ich weiß nicht, wie, ich weiß nur, daß ich hier rauskommen werde. Es ist das gleiche wie beim Spielen. Noch bevor ich mich an einen Tisch setze, weiß ich, ob ich gewinne oder ob ich verlieren werde. Das war immer so."

„Dann verstehe ich nicht, warum du deine zweihunderttausend noch nicht zusammen hast. Du brauchst doch nur nicht zu spielen, wenn du weißt, daß du einen schlechten Tag hast."

„Das geht mir gegen die Ehre, verstehst du? Ich bin Spieler, also spiele ich." Er erhob sich und zündete die Lampe an, denn es war draußen dunkel geworden. „Auch dann, wenn es ans Verlieren geht", fügte er hinzu.

Im gleichen Augenblick hörte man draußen scharfe Rufe, und Männer rannten umher. Die Türe wurde aufgerissen, das magere Gesicht Frenchys erschien im Licht.

„Da ist was los!" schrie er. „Die McCormacks! — Sioux! — Schnell!"

X. Kapitel

Ein gescheiterter Versuch

„Mit der Zeit hatten wir gelernt, mit dem Gewehr ein weit entferntes Objekt mit der gleichen Genauigkeit zu treffen, wie wenn es nahe gewesen wäre.

Eines Tages kamen einige Indianer ins Fort. Ich bemerkte, daß sie sich darauf vorbereiteten, einen Wolf zu schießen, der in etwa 600 Meter Entfernung zu sehen war. Ich sagte, daß sie nicht bis auf 100 Meter an ihn heranschleichen, sondern ihn vom Fort aus schießen sollten. Der Häuptling lachte mich aus und meinte, daß man auf diese Entfernung nicht treffen könne. Ich ergriff meine langläufige Kentucky Rifle, die mit einer doppelten Pulverladung und einer Spitzkugel geladen war. ‚Mein Pferd gegen deinen Schuß', sagte der Häuptling. In diesem Augenblick lief der Wolf davon. Meine Kugel erwischte ihn mitten in einem Sprung, traf die linke Lende, durchbohrte den Körper, Hals und Kopf, wo er in der Kinnlade steckenblieb."

Alexander Ross in: The Fur Hunters of the West, London 1855

„Heutige Jäger schießen kaum noch über Kimme und Korn. Schon für Schüsse auf 100 Meter benutzen sie 4- bis 8fache Zielfernrohre und Stecher, die den Schuß bereits bei leichtem Antippen des Abzugs auslösen. Deshalb glaubt kein moderner Jäger die legendären Schieß-

leistungen der Büffeljäger und Trapper. Ich schieße grundsätzlich ohne Zielfernrohr, und je größer das Kaliber, je schwerer die Pulverladung und gewichtiger die Büchse, um so lieber ist es mir. Mit einer Remington Zuave Rifle, Vorderlader aus dem Jahre 1855, mit selbstgegossenen Bleigeschossen des Kalibers .58 (15 mm) und einer Pulverladung von 12 Gramm (!) schieße ich über Kimme und Korn aus der 12 Pfund schweren Waffe auf 300 Meter jederzeit jede Kugel in einen normalen Bierdeckel hinein. Bei 100 Meter sitzt jede Kugel in einem Fünfmarkstück. Das ist keine Kunst, sondern Übung."

Christopher S. Hagen

Der texanische Büffeljäger Jack Lake war der erste, der den Kopf hob, lauschte und angestrengt den Fluß hinauf spähte, der wie ein gleißend strahlendes Band aus flüssigem Silber im Vollmondlicht lag.

„Jam! Nat!" rief er. „Kommt mal her!"

Die beiden Texaner lösten sich von ihren Schießscharten und kamen näher.

„Was ist?" fragte Zed Daniels.

„Hört ihr denn nichts?"

„Das sind Schüsse", sagte Muggins Taylor, und er stützte sich schwer auf die Krücke.

„Ich müßte mich sehr täuschen, wenn das nicht Sharpsbüchsen sind."

Jam Miller stieß eine Verwünschung aus.

„Und wir haben gedacht, im Frühjahr das Geschäft unseres Lebens zu machen. Von vier großen Büffelherden zu je hunderttausend Stück haben sie gesprochen." Er warf Nat MacNash einen ironischen Blick zu. „Man braucht nur zwei Meilen im Kreis zu spazieren und wahllos in die Gegend zu schießen. Einen Büffel trifft man immer. Nicht wahr, Nat, so war das doch?"

„Letzten Winter hat Abe Salois allein über sechshundert geschossen", brummte der hagere McNash. „Allein siebenunddreißig an einem Tag. Er hatte drei Cartwagen voll Häute und Pemmikan und hat mehr als sechstausend Dollar gemacht."

„Und warum wollte er nicht mit, wenn das hier der Winterplatz der Herden ist?"

„Los, raus!" rief Zed Daniels. „Das sind die McCormacks. Sie haben den Rothäupten Pferde abgenommen. Aber es scheinen nicht die besten zu sein. Frenchy, hole die Männer heraus. Sie sollen sich aufstellen!"

Zed Daniels lief durch das rasch geöffnete Tor hinaus. Die drei texanischen Büffeljäger, Jack Lake, Jam Miller und Nat McNash, folgten ihm.

„Wir vier genügen!" schrie Daniels den aus den Hütten hervorstürzenden Männern zu. „Gebt uns Feuerschutz."

Etwa sechshundert Yards entfernt jagten zwei Reiter auf kleinen, gescheckten Ponys heran. Dahinter sah man als Verfolger etwa fünfzig Siouxkrieger, in weitauseinandergezogenem Fächer, schießend und schreiend. Sie holten rasch auf.

Zed Daniels blieb nach etwa hundertfünfzig Yards stehen und begann zu schießen. Neben ihm standen die Büffeljäger, und aus ihren schweren Büchsen brach eine Flamme nach der anderen. Die Pferde jener Sioux, die schon ziemlich dicht herangekommen waren, überschlugen sich. Plötzlich zuckte das Pony unter Paul McCormack zusammen, stieg steil auf die Hinterhand, vollführte einen Salto, und der Scout wurde in hohem Bogen in einen Dornbusch geschleudert. Er landete wie eine Katze auf allen vieren, hielt seine beiden Colts in den Fäusten und schoß.

Das Pony, auf dem sein Bruder saß, stürzte ebenfalls, und John McCormack landete krachend an einem Pecanbaum. Dort blieb er regungslos liegen.

Zed Daniels warf sein Gewehr auf den Boden, zog seine Revolver und begann schießend auf die heransprengenden Sioux zuzulaufen. Vom Fort her peitschte eine Salve, die drei Indianer wie ein Sturmwind von den Pferden fegte.

Nat McNash und Jam Miller erreichten John McCormack und packten ihn unter die Arme.

„Teufel!“ stieß der Büffeljäger Nat hervor. „John hat ja schneeweißes Haar.“

Das strähnige dunkelbraune Haar des Scouts war schneeweiß geworden. Die schartige Rinde des Baumes hatte sein Gesicht aufgerissen. Als sie an Paul McCormacks Pony vorbeiliefen, ließ Nat McNash den Bewußtlosen los und stürzte sich mit gezücktem Bowiemesser über das zuckende Pferd.

Die Sioux jagten auf ihren Ponys in breiter Linie heran und schossen mit Revolvern, Gewehren und Pfeilen auf die zurückhastenden Männer.

Zed Daniels riß Nat McNash von dem Pony weg.

„Willst du erledigt werden, du Narr! Zurück! Rasch, sonst sind wir geliefert.“

Die Männer erreichten das Tor, stolperten ins Fort, das Tor wurde zugewuchtet, das Schießen ließ nach.

„Verdammt!“ murmelte Link Martin mit dünnen Lippen. „Sie schleppen die Pferde weg. Das wäre Fleisch gewesen!“ Er drehte sich zu Muggins Taylor um, der über sein rauchendes Gewehr in die Morgendämmerung schaute. „Warum holen wir uns nicht wenigstens einen Kadaver? Da ist Fleisch! Frisches Fleisch!“

Die Sioux hatten Lassos um die toten Ponys gebunden und schleppten sie nun zurück.

„Es hat keinen Sinn“, sagte John Beidler mit schmalen Lippen. „Wir werden zusammengeschossen, noch bevor wir uns hundert Schritte vom Fort entfernt haben. Zudem sind sie auf keinen Fall einzuholen.“

„Oh, dieser verdammte Kerl!“ knirschte Lee Buckland und riß seine Springfield an die Schulter. Er zielte auf einen Sioux, der auf der halben Höhe eines kleinen Hügels stand und herausfordernd sein Gewehr schwang.

Der Wind trug verschwommen seine grellen Kehllaute herüber, und es war für die Männer im Fort nicht schwer, zu erkennen, daß er sie verspottete.

Buckland schoß, doch der Sioux blieb stehen und rief den zurückreitenden Kriegern heisere Worte zu.

John Beidler legte die Hand auf Bucklands Gewehr und schüttelte den Kopf.

„Das ist zu weit, Lee. Du verschwendest nur Munition. Es sind mindestens sechshundert bis siebenhundert Yards.“

„Gib mir meine Betsy“, bat Muggins Taylor ihn, und John Beidler bückte sich und reichte Muggins die „Colts Repeating Rifle“, von der Muggins zwar Wunderdinge berichtet, die er aber bisher noch nicht benutzt hatte.

„Da wird dir auch deine Betsy nichts nützen“, meinte John Beidler und betrachtete das Gewehr, das eine lange Revolvertrommel besaß, in deren sechs Kammern sechs überlange Papierpatronen mit besonders großer Pulverladung ruhten.

Muggins Taylor schob das Gewehr durch die Schießscharte, lehnte den Lauf fest gegen eine Wand der Scharte, stemmte den Ellenbogen gegen den Zaun und zielte sorgfältig auf den gestikulierenden Krieger, der einen breiten Federkopfschmuck trug und trotz der Kälte nur mit einer Büffellederhose bekleidet war.

Muggins Taylor zielte sehr lange.

Hinter ihm versammelten sich die Männer und machten spöttische Bemerkungen.

Jeder von ihnen war ein Meisterschütze, genaue Treffer über eine Entfernung von zweihundert bis dreihundert Yards waren bei ihnen keine Seltenheit. Aber über siebenhundert Yards treffen, das hatte noch niemand von ihnen gesehen. Das hielt niemand für möglich.

„Nur ein toter Indianer ist ein guter Indianer", hörte man Muggins murmeln. „Ich werde einen guten aus ihm machen."

Dann schöpfte er tief Luft, preßte die Lippen zusammen und hielt die Luft an.

Sein Zeigefinger krümmte sich, eine grelle Stichflamme fuhr aus dem Lauf, eine Wolke hellen Pulverrauchs schoß hervor, und durch diese Pulverwolke sahen die Männer, wie der Sioux mitten in seinen Bewegungen erstarrte und wie ein Denkmal aus Holz, mit hoch erhobenem Gewehr, mit gespreizten Beinen, stehenblieb.

Dann sank er langsam in sich zusammen und verschwand im Gras.

Einen langen Augenblick war es still wie in einer Gruft.

Endlich öffnete John Beidler den Mund und stieß ein langes Zischen heraus.

„Bffff! — Das — das ist doch nicht — möglich!"

Zed Daniels, der an der Schießscharte daneben stand, sagte: „Gentlemen, das ist der beste Schuß, den ich jemals gesehen habe." Er drehte sich um und ging zu den McCormackbrüdern, die vor dem Küchenhaus standen. John McCormack stützte sich schwer auf seinen Bruder.

„Was ist mit dem Fleisch?" rief die heisere Stimme Mike Devins aus dem Isolierhaus. „Kümmert euch — um Pete Savage — der atmet nicht mehr!"

Muggins ergriff seine Krücke und humpelte ins Küchenhaus. Hier erhielt John McCormack heißen Kaffee. Mit Bestürzung schauten die Männer auf das schneeweiße Haar des Scouts, der schwieg, bedächtig trank, langsam schluckte, Frenchy abwehrte, der ihm mit einem feuchten Lappen das blutige Gesicht abwaschen wollte, zu seiner

Bunk ging und sich hinlegte, ohne einen der Männer anzusehen.

„Vier Meilen von hier ist eine riesige Büffelherde", berichtete Paul McCormack, und Nat McNash stieß Jack Lake in die Seite. „Bitte, was habe ich gesagt! Hier hätten wir mindestens zwei Jahre lang eine ganze Büffelherde für uns allein. Wir würden zwanzig Häuter in Lohnarbeit anstellen und, solange sie das gute Winterfell haben, nichts anderes tun, als einen nach dem anderen abzuschießen."

„Wenn es die Sioux nicht gäbe", bemerkte Jack Lake trocken. Paul McCormack fuhr in seinem Bericht fort:

„Die Kette um das Fort hatte eine dünne Stelle, die John ziemlich rasch fand. Wir kamen unbemerkt durch. Sie haben etwa hundert Büffel in einen Abgrund gejagt. Der ganze Stamm ist dabei, die Kadaver abzuhäuten und das Fleisch in Streifen zu schneiden. Es wimmelt von Wölfen und Vielfraßen."

„Allright, und was ist mit John geschehen?" fragte Muggins.

„Wir haben uns getrennt, um festzustellen, wie tief die Schlucht ist, in der der Stamm mit dem Fleischmachen beschäftigt ist. Wir wollten wissen, ob man von der Büffelherde, die am Fluß ist, ein paar Kälber herausschießen kann, ohne daß sie es in der Schlucht hören. Ich konnte im Mondlicht von einem Hügel aus sehen, daß die Herde bis an den Horizont die Ebene bedeckte. Ich habe zwei Kälber geschossen und auf John gewartet. Gib mir noch einen Becher Kaffee, Frenchy. Danke. Well, ich habe nicht zu lange gewartet und ihn dann gesucht." Paul McCormack stellte den leeren Becher auf den Tisch zurück und nahm die Zigarette, die Jesse Harris ihm gedreht hatte. Nap Mattis reichte ihm Feuer. Er zog den Rauch tief in die Lungen.

„Er ist ihnen förmlich in den Suppentopf hineingesprungen. Ich kam gerade zurecht. Sie hatten ihn in eine frische Büffelhaut gebunden und zwischen zwei Feuer gelegt. Er war schon ganz blau."*

„Unbewacht?" fragte John Beidler. „Keine Rothäute bei ihm?"

Paul McCormack warf drei frische Skalpe auf den Tisch.

„Es hat eine Zeitlang gedauert, ehe John wieder den Mond von einer Laterne unterscheiden konnte. Wir haben uns zwei Ponys geschnappt, und, na ja, den Rest kennt ihr ja."

„Wie groß sind die Chancen, Fleisch zu bekommen?" fragte Muggins.

„Neunundneunzig zu eins, daß kein Brocken ins Fort kommt. Der Ring ist dicht und vollständig. Sie wissen ganz genau, wie es hier aussieht."

Beidler nickte.

„Yeah, wir wollten ja Pemmikan** mit ihnen tauschen." Er trat zu John McCormack ans Lager und bückte sich. „Bist du in Ordnung, John?"

Die grauen Augen des Scouts lagen in tiefen, dunklen Höhlen. Er nickte. „Ich muß noch etwas warten", antwortete er leise.

Lay Anderson betrat das Blockhaus.

* Dies war einer der wenigen Fälle, in denen sich die nördlichen Sioux einer Todesmarter bedienten, die an sich nur von Apachen und Comanchen im Süden der USA verwendet wurde. Die frische Haut zieht sich unter der Einwirkung der Wärme zusammen und erstickt und erdrückt das Opfer allmählich.

** Pemmikan: Sonnengetrocknete und gemahlene, mit Talg vermischte und in Rohhautbeuteln verpackte Rohfleischpaste, die — auch in kleine Preßballen gestapelt — als Winternahrung der Indianer und Trapper diente.

„Pete ist tot“, sagte er, „Joe geht es sehr schlecht. Bei Tom habe ich gedacht, daß er kurz nach Pete sterben würde. Er ist plötzlich wieder ganz mobil. Hat allerdings Fieber und redet ziemlich durcheinander, aber er trinkt und erbricht nicht mehr. Stuhl ist auch besser. Mug, es muß Fleisch her, sonst gehen wir alle drauf.“

„Und Mike?“ fragte Zed Daniels.

Lay Anderson zuckte die Schultern.

„Kriegt wenig Luft und redet ständig davon, daß er es Major Pease heimzahlen will.“ Lay Anderson setzte sich auf den Tisch und ließ ein Bein baumeln.

„Also, was ist? Es muß was geschehen, Mug.“

„Das weiß ich. Wir haben zwei Chancen. Jede ist verschwindend klein, aber sie müssen wahrgenommen werden. Der Kräftigste von uns muß versuchen, sich nach Billings durchzuschlagen und Hilfe zu holen.“

Der schwarze Trapper schlug sich klatschend auf einen Schenkel.

„Ich werde gehen.“

Muggins betrachtete den Neger und nickte.

„Gut, Nap. Gegen Mitternacht wirst du gehen. Paul, glaubst du, daß sie angreifen werden?“

Der Scout schüttelte den Kopf.

„Noch nicht. Sie haben zwar ziemlich starke Verluste gehabt und sind darüber wütend, aber sie wissen auch, in welcher Lage wir sind. Sie brauchen nur noch etwas abwarten.“

„Wir müssen an die Büffelherde herankommen“, meinte Zed Daniels. „Wenn Nap geht und wir Mike, Joe und Tom abrechnen, dazu die sechs Toten, sind wir nur noch zwanzig Mann. Aufs Wildschießen allein kommt es nicht an. Die Fleischstücke müssen auch über eine lange Strecke hergebracht werden. Es können also nur die gehen, die noch einigermaßen bei Kräften sind. Wer Durchfall hat, muß hierbleiben.“

Muggins nickte.

„Ich denke aber dabei nicht an die Büffelherde, sondern an die beiden toten Pferde. Die Büffelherde ist zu weit weg, der Weg zurück zu lang. Unsere Chance sind die Pferde. Die werden sie nicht zu weit weggeschleppt haben, da sie die zartesten Büffelkühe dem Pferdefleisch vorziehen können."

„Wenn du Ive und Jack nicht mit den Pferden losgeschickt hättest, wären wir einen Monat mit Fleisch versorgt", sagte Les Brisbin scharf, und Muggins nickte.

„Das ist richtig. Aber sie hätten es schaffen können, und dann hätten wir Fleisch und Pferde gehabt. Die Sache sähe bedeutend besser aus, wenn Nap zum Beispiel auf einem Pferd nach Billings reiten könnte."

„Es war ja noch ein Maultier da", rief Les Brisbin. „Aber statt es zu schlachten, mußte man ausgerechnet warten, bis das verdammte Greenhorn das Gatter offenließ, ausgerechnet, als hier geschossen wurde. Überhaupt, er drehte sich um und betrachtete Frenchy mit einem blutrünstigen Blick. „Wem verdanken wir diese ganze verflixte Lage? Diesem verdammten Kerl, dem es nicht einfällt, Cholera zu kriegen. Wozu brauchen wir diesen unnützen Fresser überhaupt noch? Um die Rationen mit einem Löffel aus dem Faß zu holen?"

„Laß Frenchy in Ruhe", sagte John Beidler; aber die Ruhe des kleinen Mannes brachte Brisbin noch mehr in Zorn. Er drängte Zed Daniels scharf zur Seite und schrie:

„Der ganze Coup hätte geklappt, wenn er nicht alles verdorben hätte. Wenn ich daran denke, könnte ich ihm den Schädel einschlagen."

Frenchy nickte gefaßt.

„Du hast recht, Les. Es ist, wie du sagst. Ich habe alle Tage darüber nachgedacht. Es macht mich ganz verrückt."

„Blödsinn", wehrte Dave Poker gelassen ab. „Grübele

nicht zuviel, Junge. Les ist ein Bursche, der sich nur wohlfühlt, wenn er für alles, was ihm in die Quere kommt, einen Sündenbock findet.

„Legst du es darauf an, mit mir Streit zu bekommen?“ schrie Les Brisbin los. Wie von einer Feder hochgeschnellt, sprang Dave Poker von dem Schemel hoch und trat zwei Schritte zurück.

„Ja“, sagte der Spieler kalt. „Ich bin dein hysterisches Gebrüll satt. Was muß ich tun, damit du jetzt zum Revolver greifst?“

Er stand da mit gespreizten Beinen, und seine rechte Hand lag dicht neben dem Revolvergriff.

Frenchy trat dazwischen und rief erregt: „Hört auf! Es fehlt noch, daß ihr euch gegenseitig umbringt. Ich gehe mit, Les.“

„Du bleibst hier“, bestimmte Muggins.

„Mug, verstehst du denn das nicht, daß ich mitgehen muß? Ich kann es nicht mehr mitansehen. Der Hunger, die Cholera, die Kämpfe, die Toten, das Fort, die verzweifelte Lage. Ich, ich bin schuld daran. Ich habe es nicht gewollt. Ich habe es nicht gewollt. Ich kann nicht mehr, Mug. Ich muß versuchen, Fleisch zu besorgen, verstehst du?“

John Beidler nickte Muggins zu, und Muggins legte Frenchy die knochige Hand auf die Schulter.

„Gut, Junge, aber dann gehst du mit Paul McCormack.“

Den ganzen Tag verbrachten die Männer damit, einander im Wachen an den Palisaden abzulösen und die übrige Zeit in den Blockhütten auf den Lagern zu ruhen.

Am Nachmittag stürzte plötzlich Mike Devin aus der Blockhütte, beide Revolver in den Fäusten. Er taumelte einmal um die eigene Achse, stürzte, raffte sich auf und begann zu schießen. Und dabei schrie und brüllte er unverständliche Worte in die Stille. Vor der Küchenbaracke brach er zusammen und blieb wie tot liegen. Er war so stark abgemagert, daß man den Knochen durch die welke Haut der Nase ragen sah. Die Lippen waren blutig gebissen. Die Männer trugen ihn in die Hütte zurück. Dort lag Tom Jameson, die Hände unter den Kopf verschränkt, und sagte, daß Joe King keinen Laut mehr von sich gebe.

Als Muggins Kings Augenlider hob, preßte er die Lippen zusammen. Sie banden Mike auf seinem Lager mit Stricken fest.

Joe King war tot. Sie trugen ihn hinaus und begruben ihn neben Ive und Pete.

Über dem Land rings um das kleine Fort lastete gespenstische Stille.

Es war kalt. Kein Lüftchen rührte sich.

Jam Miller hatte seine beiden Revolver zerlegt und setzte sie mit bedächtiger Sorgfalt zusammen.

„Wir hätten ein Vermögen machen können", sagte er zu McNash, und der rothaarige Büffeljäger nickte träge. Jam Miller blickte Muggins Taylor an, der auf seinem Lager saß und Pfeife rauchte.

„Bei mir fängt es auch an", sagte er gelassen.

„Durchfall?"

„Wie Wasser."

„Dann mußt du . . ."

„Ich muß gar nichts", sagte Jam Miller. „Vor allen Dingen muß ich nicht verrecken. Das ist nicht die Art, wie ich mir das gedacht habe."

Muggins nickte.

„Wir auch nicht", sagte er. „Nicht jeder stirbt. Das siehst du an Tom. Mike geht es auch wieder besser, wie du hörst."

Die schwache Stimme des Revolvermannes aus Tennessee drang in der Stille deutlich zu ihnen herüber.

„. . . zweierlei Schützen, Frenchy. Die einen haben es

im Blut und brauchen überhaupt nicht zu trainieren. Zu der Sorte gehöre ich. Die Revolver sind keine fremden Dinge für mich, verstehst du. Sie gehören zu mir. Sie sind ein Teil von mir, wie meine Arme und Hände. Sie fliegen mir wie von selbst in die Hand. Es ist ganz einfach. Well, und die anderen, die werden Revolvermänner, weil sie es müssen."

„Das verstehe ich nicht", hörte man Frenchy sagen.

„Ist auch gar nicht nötig, mein Sohn. Brauchst du gar nicht zu begreifen. Aber ich sage es dir trotzdem. Die anderen, die haben irgend etwas, das sie den anderen Männern unterlegen macht. Entweder eine Krankheit, wie Doc Holiday, der die Schwindsucht haben soll und von einem Kind umgeworfen werden könnte. Oder Clay Allison, der einen Klumpfuß hat. Oder Wild Bill Hickok . . ."

„Ich denke, der ist ein Riese und gebaut wie ein Gott."

„Das ist er schon. Ich habe ihn in Hays gesehen. Aber Hickok hat Angst." — „Angst? So ein Mann?" —

„Yeah, nackte Angst hat er. Er ist stark wie ein Büffel und schnell wie eine Schlange, aber er schießt schon beim geringsten Geräusch. Er setzt sich so, daß sein Rücken nicht ungedeckt ist. Er schießt sofort und immer oft hintereinander. Das ist Angst, mein Junge. Und Ben Thompson? Hoh, der ist schnell wie ein Blitz. Aber komischerweise nur, wenn er betrunken ist."

„Und du, Mike, warum bist du ein Revolvermann?"

„Weil es meine Art ist, Junge. Ganz einfach. Männer bezahlen mich dafür, daß ich meine Colts gebrauche."

„Aber da hättest du doch in Laramie, in Omaha, Dodge City oder in Texas viel mehr . . ."

„Nein, mein Junge. Da sind überall schon die anderen. Hier wäre eine Stadt entstanden. Eine neue Stadt. Je mehr Menschen in eine Stadt kommen, desto mehr wollen sie den anderen wegnehmen, was ihnen gehört oder gehören könnte. Dazu kauft man sich am besten einen Revolvermann. Ich hätte von Anfang an hier die Preise gemacht, verstehst du. Zwei oder drei Jahre lang. Dann hätte ich mich in Tennessee niedergelassen. Als ein reicher Mann.“

Jam Miller schüttelte den Kopf.

„Ich kann das nicht begreifen. Heute morgen schon bis zu den Knien in der Grube, und jetzt wieder Volksredner.“ Er lud die Kammern der Peacemaker Colts mit frischen Patronen auf und schob sie in die Holster. Anschließend legte er sich in seine Bunk.

„Ich hätte ein Fuhrgeschäft aufgemacht“, sagte er vor sich hin. „Wir hatten eins. Zwischen Langtry und Pecos. Nach dem Kriege hat uns ein Yankee kaputt gemacht. Mein Alter hat sich gewehrt wie ein Puma. Aber dann steckten sie ihn ins Loch. Da starben von hundert Gefangenen sechzig, weil Rebellen nicht gefüttert zu werden brauchen. Das ist es, was ich erreichen wollte: sechs schwere Studebakerschoner kaufen, die härtesten Burschen von Texas anwerben — und dann den verdammten Yankee auf seinen eigenen Hörnern aufspießen. Sechs Jahre suche ich nach dieser Chance. Ich habe viele Büffel geschossen und einen Haufen Geld gemacht. Vor vier Jahren hatte ich das Geld zum erstenmal zusammen. Da gab es Kampf mit Jayhawkers, und die Scheine verbrannten vor meinen Augen in einem Lagerfeuer. Ich habe mir die Finger verbrannt, aber die Kugel in der Schulter machte mich lahm. Das zweitemal war ich soweit und wollte mir, bevor ich nach Texas ritt, eine Nacht mit einem Mädchen gönnen. Als ich aufwachte, war das Mädchen und das Geld weg. Das letztemal war vor einem Jahr. Ich hatte Glück und konnte den Assiniboines im letzten Augenblick entwischen. Den Beutel mit Gold ließ ich zurück. Und jetzt . . .?“ Jam Miller schwieg und starrte vor sich hin.

Im anderen Blockhaus hieb Les Brisbin mit der Faust

auf den Tisch. „Wir verrecken, ohne daß es überhaupt zu einem richtigen Kampf kommt! Es ist alles Quatsch. Wir müssen uns nach Billings durchschlagen.“

Karl Snyder nickte.

„Gut, daran habe ich auch schon gedacht. Aber ohne Gewehre? Muggins bewacht sie wie einen Staatsschatz. Und ohne Proviant? Oder glaubst du, daß er das Faß teilen wird? Er weiß genau, daß er geliefert ist, wenn wir uns davonmachen.“

„Wir müssen uns eben die Gewehre und den Proviant holen“, sagte Brisbin langsam.

„Hm“, meinte Jesse Harris, „ich habe in vier Stunden Wache, genau dann, wenn ihr losmarschieren könnt.“

Brisbin grinste breit. Er beugte sich über den Tisch.

„Ich gehe mit Jack. Jam mit Nat, und ihr bleibt hier, weil ihr zu schlapp seid. Jesse hat Wache. Und mit ihm Link und Hugh. Ich werde mit Jack eine halbe Stunde später zurückkehren. Jam und Nat tun das gleiche. Wir werden mit Link und Hugh rasch fertig. Muggins mit seiner Krücke ist lahm, und John McCormack wird vor morgen abend nicht wieder die Augen aufmachen. Die Rothäute haben ihn wohl ganz schön behandelt. Es sind außer ihnen nur Lay, Dick und Frenchy da.“

„Und Lee“, warf Tim Settle ein. „Der schläft nicht mit offenen Augen.“

„Es geht rasch. Wir bewaffnen uns mit Gewehren und räumen das Fäßchen aus. Wenn wir Glück haben, kommen wir bis morgen früh ein schönes Stück nach Westen und können, sobald es hell geworden ist, irgendwo am Ufer des Flusses warten. In drei Tagen sind wir so weit, daß wir die Sioux hinter uns haben und jagen können. Dann ist der Marsch kein Problem mehr.“

„Ich möchte wissen, warum wir es nicht alle zusammen versuchen“, warf Jesse ein.

„Die Sioux würden uns zusammenschießen wie Büffel.“

„Aha, und wieso tun sie das nicht auch, wenn wir uns einzeln davonmachen?"

„Weil wir als Besatzung für sie ein geschlossenes Ganzes sind. Während sich Zed, Dave, John, Paul und Ed mit ihnen irgendwie wegen Pferdefleisch herumbalgen, verschwinden wir. Das ist etwas, mit dem sie überhaupt nicht rechnen. Ich wette sogar, sie wissen ganz genau, daß man sich heute nacht an die Pferde heranmachen wird, und sie werden die anderen erwarten. Da sie es nicht mit Greenhorns zu tun haben, müssen sie schon ein paar Dutzend ihrer Brüder versammeln. Sie sind im Dunkeln schlechte Schützen. Es ist also möglich, daß sich der Kampf bis morgen früh hinzieht. Die im Fort werden sich aber wohl auch mindestens einen Tag und eine Nacht halten können, ehe sie überrumpelt werden. Das ist für uns Zeit genug, so zu verschwinden, daß sie uns kaum noch finden werden."

„Sie wissen aber auch, daß wir nur nach Billings gehen können. Sie haben uns mit ihren Pferden rasch eingeholt", wendete Karl Snyder ein.

„Ohne Kampf geht es nicht. Mir geht es darum, Fleisch in den Bauch zu bekommen und keine Bleikugeln. Ihr werdet sehen, sobald wir satt sind, sieht das alles ein bißchen besser aus. Jedenfalls, hier an Cholera vor die Hunde zu gehen oder zusammengeschossen zu werden, als ob man eine Zielscheibe auf einem Schießplatz wäre, das ist was für die Großmäuler um Muggins, nichts für uns!"

Jesse Harris nickte.

„Es ist eine Chance. Also werden wir sie ergreifen."

In diesem Augenblick trat Muggins durch die Tür. Er sagte kalt: „Wenn ihr wieder klar denken könnt, werdet ihr wissen, daß es besser wäre, sich gleich eine Kugel in den Kopf zu schießen, als davonzulaufen! Hier habt ihr eine Chance, wenn auch keine gute. Draußen gibt es keine. Gute Nacht!"

XI. Kapitel

Noch ein Versuch und der Tod auf dem Eis

„Da werden im Osten die unglaublichsten Geschichten über die Indianer erzählt, über ihre unheimlich geschärften Sinne und Fähigkeiten, sich der Natur zu bedienen. Ich kenne weiße Trapper und Mountain Men, gegen die Indianer die reinen Waisenknaben sind. Zum Beispiel die französischen Voyageurs: diese rauhbeinigen Burschen stürzen sich aus reiner Kampfeslust mit dem blanken Messer auf einen ausgewachsenen Grizzly, daß den Indianern das Maul offenbleibt. Sie kämpfen wie Urwelttiere und beißen einem Gegner mit den Zähnen die Kehle durch. Ehe sie Hungers sterben, töten sie lieber einen Gefährten und verzehren ihn. Dabei sind sie musisch, belesen und können auf einem Fest mit Frauen vorzügliche Kavaliere sein und Komplimente machen, daß jeder West-Point-Kadett vor Neid erblaßt.“

Vernard Schultze-Lavoisier, St. Louis, 1837

Nap Mattis band sich den kleinen Leinenbeutel an den Gürtel. Er zog den Hut in die Stirn und strich mit der Hand über die Pumafelljacke.

Frenchy tippte gegen den Leinenbeutel und sagte, daß es höchstens für drei Tage reiche. Der Neger lachte breit.

„Mein Junge, es ist nicht das erste Mal, daß ich

hungere. In zehn Tagen bin ich in Billings. In siebzehn Tagen werde ich mit der Armee zurück sein. Bis dahin haltet die Ohren steif!"

Frenchy ging mit Nap zum Tor. John Beidler öffnete den Riegel und stieß es auf. Nap hob den Kopf und schnupperte in die kalte Nacht.

„Mach's gut, Nap", sagte Frenchy schluckend, und er warf einen Blick in die Runde. Eine halbe Meile weiter westlich glühte ein Feuer am diesseitigen Flußufer. Rund um das Fort waren am Fuß der Hügel ebenfalls Feuer zu sehen.

„Viel Glück, Nap", sagte Muggins Taylor. „Ich brauche dir ja nicht zu sagen, was davon abhängt, daß du durchkommst."

Im fahlen Licht des abnehmenden Mondes blitzte das kräftige weiße Gebiß des Negers wie ein aufgereihtes Kartenblatt. Er stieß Frenchy gutmütig vor die Brust und sagte:

„Dieser Bursche paßt überhaupt nicht hierher, das ist richtig. Aber das ändert nichts daran, daß er ein netter Kerl ist. Good Bye, Jungens. Wenn sie Nap Mattis nicht das Fell über die Ohren ziehen, bin ich in siebzehn Tagen wieder hier."

„Willst du kein Gewehr mitnehmen?" John Beidler hielt ihm eine Springfield hin.

„Die braucht ihr nötiger."

„Du mußt dir doch was für zwischen die Zähne schießen, wenn du . . ." Nap winkte ab.

„Ich bekomme schon, was ich brauche." Seine Augen suchten Les Brisbin, der an dem Torriegel stand und in die Nacht hinausstarrte. „Les, ich weiß, daß du Frenchy haßt. Du wirst auch sicherlich keine Gelegenheit vorübergehen lassen, ihm übel mitzuspielen, wenn du kannst. Aber denke dabei daran, daß ich die Mutter dieses Kindes bin. Ich werde dich finden und mir —

wie du immer so schön sagst — deine Ohren an den Gürtel binden!"

„In drei Stunden spätestens ist dein Kind eine Waise", meinte Les Brisbin grinsend.

Die massige Gestalt des Jägers verschwand in der Dunkelheit. Man hörte hartes Gras rascheln. Die Mondsichel hatte einen weißen Dunstkranz. Dave Poker sagte, daß es nach Schnee riecht.

Eine halbe Stunde später wurde das Tor ein zweites Mal geöffnet.

„Ausgerechnet wir beide", sagte der Spieler lächelnd. „Jetzt geht der sittenstrenge John Beidler, der Schrecken aller hart arbeitenden Schufte Amerikas, mit einem Erzteufel auf Raub aus! Nicht wahr, Johnny, wir versuchen den Sioux etwas zu stehlen, und wenn sie was dagegen haben, werden wir sie nach allen Regeln der Kunst umbringen!"

„Gehn wir", brummte Beidler mürrisch. Er streckte die Hand aus. „In diese Richtung, Muggins?"

„Yeah, Paul und Frenchy gehen den Fluß entlang, Zed und Lee versuchen es in nordöstlicher Richtung. Laßt euch Zeit."

Muggins reichte Frenchy sein schweres Bowiemesser.

„Hier, ich habe dir erklärt, wie du damit umgehen mußt. Wozu wir alle Jahre brauchten, das mußt du in dieser einen Nacht lernen. Und, denke daran, wir sind nicht daran interessiert, daß du dich draußen mit deinem Schuldgefühl umbringen läßt, sondern Fleisch zurückbringst."

Frenchy nickte heftig und nahm das schwere Messer mit dem harten Hickorygriff und der zwei Zoll breiten Klinge, die scharf wie die eines Rasiermessers war.

Das Tor schlug hinter ihm zu. Er sah dunkle Gestalten im Land verschwinden und spürte einen sanften Rippenstoß.

„Geh hinter mir her", sagte Paul McCormack leise.

Sie gingen den Weg, den Ive mit Jack Cowles und Paul mit seinem Bruder John gegangen waren.

Das Gras war hart und hoch, es knisterte und brach unter ihren Füßen wie altes Stroh. Frenchy hielt den Griff des Bowiemessers umklammert. Das Licht des Mondes war so schwach geworden, daß man nur wenige Schritte weit sehen konnte. Vor Frenchy war Paul McCormacks breiter Rücken. Nach etwa hundert Schritten blieb der Scout stehen und lauschte. Frenchy schaute sich um und sah das kleine Fort wie eine schwarze, zusammengepreßte Masse am Flußufer liegen.

„Nun?" flüsterte Paul McCormack.

„Was?"

„Wie ist es dir?"

„Ich habe Angst. Hundserbärmliche Angst."

Der Scout nickte.

„Ich bin schon ziemlich lange in dieser Gegend. Das heißt, wir mußten schon kämpfen, als wir noch Kinder waren. Ich habe viel gesehen. Aber noch nie einen Mann, der nicht Gelegenheit hatte, den Indianern ein Schnippchen zu schlagen, wenn es ihn erwischt hatte."

„Du meinst — den Revolver?"

„Sicher. Wir gehn jetzt weiter. Bleibe dicht hinter mir. Denke an nichts. Halte nur die Augen offen und sperr die Ohren auf."

Paul McCormack ging weiter. Immer dicht an den kahlen Ästen des Ufergebüschs entlang. Nach weiteren hundert Schritten blieb er wieder stehen, lauschte einen Augenblick und setzte sich dann nieder. Im Wald heulte ein Wolf, und kurz danach ertönten aus allen Richtungen antwortende Jaullaute.

„Setz dich hin", sagte der Scout leise und ließ sich nieder.

„Gehn wir nicht weiter?"

„Wir warten. Indianer sind neugierig wie Weiber. John und Dave haben nicht viel Erfahrung in diesen Sachen. Es wird bald um sie herum knallen. Dann müssen wir hier durch.“

„Aber sie haben doch . . .“

„Leise, verdammt!“

„. . . sie haben doch die Kadaver in den Wald geschleppt.“

„Die Kadaver gehen uns nichts an. Wir marschieren eine Meile das Flußufer entlang, überqueren den Fluß, gehen drüben zurück und holen uns zwei lebende Pferde. Von denen, die dem Fort gegenüber das Feuer haben.“

„Aber du hast doch selbst eben noch gesagt, daß da höchstens ein paar . . .

„Und wenn nur einer am Feuer sitzt, so hat er ein Pferd, und das genügt.“

Sie saßen etwa zehn Minuten schweigend nebeneinander im hohen Gras, als irgendwo Schüsse krachten. Frenchy wollte aufspringen, aber der Scout riß ihn nieder.

In das harte Peitschen von Sharpsgewehren mischte sich das dumpfe Dröhnen von schweren Colts.

„Der Virginier“, sagte McCormack, „das habe ich mir fast gedacht. Es ist kaum dreihundert Yards entfernt.“

Die Schußblitze zuckten wie Wetterleuchten über den Himmel, dann war es plötzlich still. Kaum fünfzig Schritte von ihnen entfernt hallte plötzlich Hufgetrappel auf. Schrille Schreie ertönten, Schüsse krachten.

„Ed und Lee rennen zurück, das ist das einzig richtige, was sie tun können“, sagte Mc Cormack, der sich auf die Knie erhoben hatte und nach Nordwesten schaute. „Da siehst du, wie gut es ist, daß drei Paare gegangen sind. Von Dave und John hört man keinen Laut. Die haben sich irgendwo genauso verkrochen wie wir. Nur mit dem Unterschied, daß sie garantiert auf Wachen an den Kadavern stoßen. Los jetzt, lauf hinter mir her. Ducke dich tief.“

Der Scout sprang auf und lief dicht am Ufergebüsch entlang. Frenchy folgte ihm. Hinter ihnen krachten immer noch Schüsse, die aber nun ziemlich nahe am Palisadenzaun sein mußten. Rauhe Kehllaute erklangen dazwischen. Frenchy rannte. Er sah nichts vor sich als den dahinhuschenden großen Mann. Harte Zweige schlugen ihm ins Gesicht. Er stolperte, stürzte, raffte sich auf und rannte. Bis er gegen McCormack stieß, der ihn zu Boden drückte.

„Wir sind weit genug. Hast du gehört, einer muß es geschafft haben. Sie schießen im Fort.“

„Warum nur einer?“

„Da, hörst du den Colt am Wald? Das ist Lees Whitneyville-Walker-Colt. So kracht nur dieses Monstrum, mit dem man Bäume fällen kann.“

„Yeah, aber — das bedeutet doch —, daß sie Lee . . .“

„Yeah, Frenchy, genau das bedeutet es. Lee ist der erste. Wir können jetzt weiter.“

Das Schießen hörte auf. Langsam gingen sie gebückt am Flußufer entlang. Plötzlich zuckte Frenchy zusammen.

Ein markerschütternder Schrei hallte durch die Nacht.

„Was — was war das?“ stieß er hervor.

„Sie haben Lee erwischt. Komm, weiter.“

„Aber um Gottes willen, wir können doch nicht — sie haben Lee — sie quälen ihn.“

„Los, komm! Lee ist nicht wichtig. Fleisch ist wichtig. Sie wollen, daß man das Tor öffnet und versucht, Lee zu befreien. Das ist ein alter Trick.“

Er stieß Frenchy vor sich hin.

Und dann war wieder dieser Schrei in der Stille, langgezogen, schrill und voller Qual.

McCormack packte Frenchy hart am Arm.

„Sie bringen ihn doch um, Paul, hörst du denn das nicht?"

„Leise, verdammt noch mal! Sicher bringen sie ihn um. Sie mögen mit diesem Spielchen manchen weißen Siedlertreck ausgerottet haben. Aber Muggins wird sich nicht rühren. Und wir rühren uns auch nicht."

„Oh, mein Gott", Frenchy begann zu zittern, der Scout zog ihn mit sich fort. Als Frenchy sich beim dritten Schrei losriß und zurücklief, holte er ihn mit wenigen Sätzen ein, schlug ihn nieder und warf sich über ihn. Er drückte sein Messer gegen Frenchys Hals.

„Hör zu, mein Junge! Entweder wirst du jetzt ganz ruhig mitgehen, oder du bleibst hier liegen, verstanden! Niemand kann Lee helfen. Es ist eine Falle. Lee hätte sich erschießen sollen."

„Vielleicht hat er — ich meine, vielleicht waren sie zu schnell . . ."

Wieder gellte der Schrei durch die Nacht.

Frenchy bäumte sich unter dem harten Griff McCormacks auf.

Als aber auf die Schreie hin kein einziger Schuß fiel, vom Fort her kein Geräusch zu hören war und auch in der Gegend, in der sich John Beidler mit Dave Poker befinden mußte, kein Laut ertönte, stand Frenchy mit hängenden Schultern auf.

„Du hast gehört, was ich gesagt habe", meinte McCormack leise und dringlich. „Richte dich danach."

Sie huschten den Fluß entlang, bis sie das Ende der großen Krümmung erreicht hatten. Minutenlang hockten sie dicht vor dem Eis, im Gestrüpp verborgen, und der Scout schaute über die weiße, glitzernde Fläche hinüber zum anderen Ufer.

Endlich erhob er sich und sagte verhalten:

„Hier ist er am schmalsten. Wir müssen sehen, daß wir schnell hinüberkommen. Hier sind zwei Lappen, binde sie dir um die Füße. Man kann dann laufen, ohne zu rutschen."

McCormack lief zuerst hinüber. Dann folgte Frenchy. Nichts geschah. Drüben warteten sie wieder einige Minuten.

„Sie haben ihn umgebracht. Und keiner hat eine Hand gerührt, ihm zu helfen," stöhnte Frenchy.

„Wenn ihm zu helfen gewesen wäre, hätten sich genug Hände gerührt. Auf diese Weise haben sie nachts schon manche uneinnehmbare Wagenburg und manche eingeschlossene Poststation genommen."

„Aber du hast doch deinen Bruder . . ."

„Das war was anderes. Da hatte *ich* das Ende in der Hand, nicht sie. Ich war der Angreifer. Ich habe ihnen meine Art des Kampfes diktiert. Das ist ein großer Unterschied. Wenn die Pferde nur ein paar Schritte weiter weggestanden hätten, wäre es nicht geglückt. So, jetzt gehen wir zurück. Wenn es mehr als zwei sind, mach dich auf was gefaßt."

Im mittleren Bogen der Flußkrümmung blieb McCormack erneut stehen. Das kleine Feuer war deutlich zu sehen.

„Ziemlich heruntergebrannt", sagte der Scout. „Genau, wie ich dachte. Sie haben junge Krieger dorthin geschickt. Die Jungen schießen besser als die Alten. Sie haben sich vom Feuer entfernt."

„Woran erkennst du das?"

„Wenn Alte sich von einem Feuer entfernen, löschen sie es. Bleiben sie aber dran, so schieben sie Holz nach. Wenn sie sich zu Fuß entfernt haben, sind sie nicht weit. Haben sie die Pferde mitgenommen, so ist es das gleiche. Wir müssen warten und sie erledigen. Nachdem du Lee schreien gehört hast, wird dir das ja wohl nichts ausmachen."

Je mehr sie sich dem Feuer näherten, desto vorsichtiger bewegte sich McCormack. Schließlich legten sie die letzten hundert Yards auf dem Bauch kriechend zurück. Der Scout warf einen Blick über den Fluß. Dort lag auf dem Böschungshügel das Fort. Man hörte Stimmen hinter dem hohen Palisadenzaun, wie riesenhafte große Nadelspitzen ragten die zugespitzten Palisadenstämme gegen den dunklen Himmel.

„Bleib liegen. Rühr dich nicht. Gib keinen Laut von dir. Ich sehe nach, ob ein Pferd da ist.“

Der Scout verschwand lautlos in der Dunkelheit, und Frenchy lag auf dem Boden, dessen Kälte rasch seinen ganzen Körper erfaßte. Die Nacht war voller Geräusche. Im Ufergebüsch raschelte und knisterte es. Der Wind wehte feine helle Schleier über die Eisdecke des Flusses. Im Nordwesten krachte ein Schuß aus einer schweren Büchse, dem einige Revolverschüsse folgten. Dann war es wieder ruhig. In den Baumkronen rauschte und rieselte es.

Ein einsamer Wolf heulte im Hinterland.

Frenchy hatte Schmerzen im Bauch. Das war der Hunger. Wenn er den Kopf hob, erfaßte ihn Schwindelgefühl, und er hatte einen Augenblick schwarze Nebel vor den Augen. Frenchy hielt das schwere Bowiemesser in der Hand. Ganz dicht war die breite Klinge vor seinen Augen, und im spärlichen Mondlicht wirkte sie wie eine zu Eis erstarrte weiße Flamme.

Plötzlich brach nördlich vom Fort die Hölle los. Schüsse krachten. Mündungsblitze zuckten durch die Dunkelheit Eine rauhe Stimme rief etwas. Kehllaute waren zu hören. Der Torriegel des Palisadenzauns knarrte laut und mißtönend. Das kleine Fort war in Blitze und Flammen gehüllt. Irgendwo trommelten Pferdehufe dumpf über den Boden.

Frenchy sprang auf die Knie. Er spürte, wie eine eiskalte Faust sein Herz ergriff. Er sah im schwachen

Schein des glühenden Lagerfeuers einen Pferdekopf auftauchen. Es war ein kleiner struppiger, weiß rot gefleckter Ponykopf. Die Gestalt eines Sioux hob sich dunkel gegen den Himmel ab. Plötzlich sauste ein schwerer Schatten durch die Luft. Es gab ein Geräusch, wie wenn man mit einem Stock gegen ein prall gefülltes Kissen schlägt, der Sioux verschwand vom Pferderücken, und das Pony lief auf Frenchy zu.

„Paß auf!“ ertönte McCormacks rauhe Stimme, und schon sprang Frenchy empor.

Seine Hände stießen vor. Das Pony bäumte sich auf die Hinterhand. Frenchy spürte Rohleder zwischen seinen Händen und packte fest zu. Das Pony schnaufte, warf den Kopf hoch, stieg hoch, ein Hufschlag traf Frenchy in die Seite, und wahnsinniger Schmerz zuckte durch seinen Leib. Der heiße Atem des Ponys schlug ihm ins Gesicht. Er verlor den Halt unter den Beinen, aber er hielt fest. Er hörte McCormack schreien: „Festhalten! Festhalten!“ Das Pony riß Frenchy mit sich in die Dunkelheit. Etwas schlug gegen sein rechtes Schienbein. Harte Zweige schlugen ihm wie Peitschenruten ins Gesicht. Dann stand das Pony plötzlich still, Frenchy stellte sich auf die Beine.

„Festhalten!“ McCormack kam in langen Sätzen durch das Gras geflogen. Der Schmerz in der Seite war so heftig, daß Frenchy unwillkürlich eine Hand losließ. Im gleichen Augenblick warf das Pony den Kopf zur Seite, der Rohlederzügel wurde Frenchy aus der Hand gerissen. Er packte zu und seine Hand packte in etwas kaltes, weiches, feuchtes. Er krallte die Finger darin fest, doch als das Pony wieder auf die Hinterhand stieg, glitt diese kalte Masse plötzlich von seinem Rücken herab und stürzte schwer auf Frenchy. Frenchys andere Hand ließ den Zügel los, er stürzte zu Boden. Das Pony rannte davon, Paul McCormack stolperte über Frenchys

Körper, stürzte zu Boden und kam gräßlich fluchend auf die Beine.

„Oh, du verdammter Kerl“, zischte er, und dann stießen seine Hände auf die schwere Masse. „Teufel! Das ist Fleisch! Zwei zusammengebundene Keulen! Mehr als hundert Pfund. Los, auf, Frenchy! Wir müssen rüber! Gleich ist der Teufel los!“

Frenchy sprang zitternd und stöhnend auf die Beine.

McCormack warf sich die Keulen über die Schulter.

„Fleisch!“ stöhnte Frenchy. „Fleisch! Richtiges Fleisch!“

Irgendwo hörte man rauhe Kehllaute. Pferdehufe trommelten heran. McCormack zerrte Frenchy auf das Flußeis.

„Lauf!“ schrie er. „Lauf um dein Leben!“

Sie hatten die Lappen von den Füßen genommen. Frenchy stürzte auf das Eis hinaus und, kaum daß er die glatte Fläche berührte, fiel er kopfüber hin und schlitterte etwa vier Yards weit auf dem Bauch.

Schußblitze zuckten durch das Dunkel. Kugeln schlugen ins Eis ein. McCormack packte Frenchy und zerrte ihn mit sich fort.

„Los, los, wir müssen weiter, damit sie im Fort uns deutlich erkennen und schießen können!“

Plötzlich zuckte Frenchy zusammen. Er wurde gegen McCormack gepreßt und stürzte auf die Knie.

„Bist du getroffen?“ rief McCormack.

„Lauf, Paul! Lauf!“

McCormack warf sich nieder und plazierte die beiden schweren Keulen, die mit den Knochengelenken aneinandergebunden waren, so vor Frenchy, daß sie so etwas wie eine kleine Deckung gegen die Schüsse der Sioux bildeten, die nun am kaum zwanzig Schritte entfernten Ufer auftauchten und auf sie zu schießen begannen. Aber als die beiden Männer sich niederwarfen, begannen auch die schweren Springfields aus den Schießscharten des

Forts zu dröhnen, und die Kugeln schlugen überall im Ufergebüsch ein. Ein greller Schrei ertönte. Eine Gestalt stolperte zwei kleine Schritte aufs Eis hinaus. McCormack richtete seinen Revolver auf sie und schoß. Die Gestalt wurde von der Wucht der schweren Geschosse wieder ins Ufergebüsch zurückgeworfen.

„Wo haben Sie dich erwischt, Frenchy?“

„Im Rücken. Nimm das Fleisch! Es ist nicht mehr weit“, stöhnte Frenchy.

„Zurück!“ ertönte die gewaltige Stimme von Muggins Taylor vom Fort her. „Kriecht zurück! Wir geben euch Feuerschutz.“

„Es hat Frenchy erwischt!“

„Schlimm?“

Frenchy bäumte sich stöhnend auf.

„In — die Nieren, glaub ich!“

„Los, komm, wir müssen zurück.“

„Nein! Es hat keinen Sinn. Mach, daß du wegkommst! Ich halte sie auf!“

„Los, krieche langsam zurück!“ Wieder schoß McCormack auf Gestalten. Kugeln klatschten in die Fleischbrocken. Zwei, drei Pfeile bohrten sich mit hartem Aufschlag in die Keulen.

Nun hatte auch Frenchy seinen Colt in der Hand. Er lag flach auf dem Bauch. Er suchte Patronen aus seinem Revolvergürtel und legte sie neben sich auf das Eis.

„Geh! Das Fleisch muß ins Fort. Hörst du, Paul, das Fleisch! Ich mache es nicht mehr lange. Das spüre ich.“

„Gut, bleib liegen! Schieß nicht zu rasch. Ich komme zurück und hole dich!“

McCormack packte die Rohhautstreifen, mit denen die Fleischkeulen zusammengebunden waren und begann zurückzukriechen.

Frenchy preßte die Zähne zusammen. Die Kugeln aus

den Schießscharten flogen dicht über ihn hinweg ins Ufer. Zwei, drei, vier Gestalten stürzten plötzlich schießend hervor.

Eine Kugel traf Frenchys Körper.

„Madonna!“ schrie er auf und begann zu schießen. Im Mündungsfeuer seiner Schüsse erkannte er einen jungen Krieger, mit dem er oft am Fluß fischen gewesen war. Der junge Krieger warf die Arme hoch und stürzte schwer aufs Gesicht.

Frenchy spürte, wie es in warmem Strom aus beiden Wunden in die kalte Kleidung rann. Die Kälte des Eises erfaßte seinen Körper und jagte ihm Frostschauer über die Haut. Er lud mit zitternden Fingern den Revolver auf und sah im Blitzen der Mündungsflammen, wie der von ihm getroffene junge Krieger vorwärts zu kriechen begann.

„Bleib, wo du bist, Kleiner Wolf“, Frenchy hustete krampfhaft. Er spürte, wie die Kälte seine Arme und Hände und die Finger ergriff, die den Revolver hielten.

Im Feuerschein einer neuen Salve aus dem Fort sah er, wie der junge Indianer den Kopf hob.

„Frenchy?“

Der Kleine Wolf hielt ein großes Messer in der Faust und zog sich auf den Ellenbogen näher.

„Ich muß dich töten, Kleiner Wolf, höre doch!“

„Ich bin getötet. Und du auch, deine Stimme sagt es!“

Frenchy spannte den Hahn. Er warf den Kopf herum und sah die dunkle Masse des zurückkriechenden Scout schon nahe am Fortufer. Eine Kugel aus dem Fort traf das Campfeuer der Indianer, und ein feuriger Funkenregen stob auf. Dann schwieg das letzte Gewehr an diesem Ufer, und auch im Fort wurde nicht mehr geschossen.

Über Kimme und Korn sah Frenchy das Gesicht des jungen Indianers, der in einer Missionsschule gewesen war und dort gutes Englisch gelernt hatte.

Nun war der Kleine Wolf nur noch zwei Yards von ihm entfernt. Er hieb das Bowiemesser ins Eis und zog sich keuchend nach vorne.

„Ich schieße dich in den Kopf!" stieß Frenchy hervor, und in der Stille war das klickende Einrasten des Schlaghahns deutlich zu hören.

„Ich werde dich töten, Frenchy."

„Das wirst du nicht. Ich schieße jetzt! Siehst du denn den Revolver nicht?" Der Indianer warf den Arm nach

Zeltdorf der südlichen Cheyenne

vorn, hieb die Spitze des Messers ins Eis und zog sich auf Frenchy zu. Frenchy spürte den penetranten Geruch auf sich zukommen, den jeder Indianer ausströmte. Kleiner Wolf schüttelte den Kopf, sein dunkelhäutiges Gesicht wirkte fast schwarz. Nur das Weiße der Augen und die großen, hellen Zähne waren darin zu erkennen.

„Ich habe — beim letzten Sonnentanz — auf einer roten Decke getanzt. Das bedeutet, daß ich alle meine Feinde töten werde."

„Ich bin nicht dein Feind, Kleiner Wolf!“ rief Frenchy keuchend, den der Blutverlust so schmerzte und erschöpfte, daß der Revolver immer schwerer in seiner Hand wurde. Er hörte Lärm weit hinter sich. Männerstimmen riefen. Dann übertönte Les Brisbins rauher Schrei: „Fleisch!“ den Lärm.

Der Kleine Wolf hieb nun das Messer kaum eine Handbreit von der Revolvermündung entfernt ins Eis und umfaßte mit der anderen Hand das Handgelenk und zog sich an dem Messer ächzend nach vorne.

„Ich bin um den Cottonwoodstamm herumgetanzt“, ächzte der Kleine Wolf in fast akzentfreiem English, „immer habe ich die Sonne angesehen, und dann habe ich die Schnüre der Rothäute durch meine Brust gezogen und sie wieder im Tanz herausgebrochen. Ich habe von einer kleinen Bande weißer Männer geträumt, als ich umfiel. Und alle diese Männer gingen zugrunde. Ich habe einige von ihnen getötet.“ Langsam näherte sich seine breite Stirn der Revolvermündung. „Ich kann meine Beine nicht bewegen, Frenchy — aber das Messer ist gut.“

„Wir — wir haben — Fische gefangen und — und von den Mädchen der Tetons gesprochen“, murmelte Frenchy.

„Jeder Tag — ist — ein anderer.“ Der Indianer blieb einen Augenblick keuchend liegen. „Ich muß deinen Skalp haben. — Du brauchst ihn nicht mehr!“

„Frenchy!“ Die Stimme drang wie aus weiter Ferne an Frenchys Ohr. Paul McCormack kam über das Eis zurückgelaufen.

Frenchy legte den Zeigefinger fest um den Abzugsbügel. Der Revoler war schwer wie die halbe Erde. Er zitterte und schwankte in seiner Hand. Der Indianer hob nun den Oberkörper, stützte sich auf die rechte Hand und zog langsam den bewegungsunfähigen Unterleib nach. Die Linke mit dem großen Messer hob sich langsam.

Ganz deutlich hatte Frenchy nun das Gesicht des Kleinen Wolfes vor sich. Es war ausdruckslos wie immer, die schwarzen Augen funkelten.

„Ich schieße“, flüsterte Frenchy.

Im gleichen Augenblick war McCormack neben ihm. Ein wuchtiger Fußtritt prellte dem Kleinen Wolf das Messer aus der Hand, die knochigen Finger des Scouts packten in das volle schwarze Haar und rissen den Kopf des Indianers hoch. McCormack zog sein Messer.

„Nein!“ schrie Frenchy auf. „Nein! — Nicht! — Nicht skalpieren! Bitte!“

Aber es war schon zu spät. Der Scout hielt einen langen Haarstrang in der Hand und stieß mit dem Messer zu. Er packte Frenchy vorsichtig unter die Schultern und schleppte ihn zurück. Als Zed Daniels und Jack Lake Frenchys Beine nahmen, rief Muggins durch eine Schießscharte: „Rasch!“

Am gegenüberliegenden Ufer waren Huftritte zu hören, und dann begannen Gewehre zu dröhnen.

Als sie Frenchy im Küchenblockhaus auf den Tisch legten, war er tot. Sie brachten ihn gleich nach draußen und legten ihn neben dem Haus auf den Boden.

Zed Daniels zerschnitt das Fleisch in Stücke. Die ausgehungerten Männer schlugen ihre Zähne in das rohe Fleisch. Nur der Spieler, Muggins Taylor und Lay Anderson spießten ihre Stücke auf und hielten sie über das Herdfeuer.

Von Muggins erfuhr McCormack, was in der langen Nacht geschehen war.

Die Sioux hatten Lee Buckland nach kurzem Kampf überwältigt. Ed Bolenbough lag auf seinem Lager und war in schwere Verbände eingewickelt. Er war schießend zum Fort zurückgelaufen und hatte es mit knapper Not, aus vielen Wunden blutend, erreicht. Dave Poker und John Beidler hatten sich versteckt.

„Aber sie hatten die Ponys bereits weggeschafft.

Wir haben zwei Stunden lang gesucht. Dann liefen uns ein paar Rothäute über den Weg, mit denen wir kurzen Prozeß machten."

„Nap scheint also durchgekommen zu sein", stellte Paul McCormack fest. Er warf einen Blick auf John, seinen Bruder, der wie ein Toter schlief.

„Das Fleisch reicht für fünf Tage, wenn jeder ein Pfund täglich bekommt.

Muggins schüttelte den Kopf.

„Es muß zehn Tage reichen. Also bekommt jeder nur ein halbes Pfund."

„Wo ist Jam?" fragte John, der den frischen Skalp zu seinen anderen band.

„Krank. Legt euch hin. Ich denke, daß jetzt bald die Angriffe kommen werden. Wer ist mit der Wache dran?"

Hugh Neye und Link Martin hoben die Hände.

Die Männer legten sich auf ihre Betten und schliefen ein. Im Schlaf stöhnte Ed Bolenbaugh.

Es war nicht die Sonne, die die Männer weckte, sondern der Klang eines Banjos!

Muggins Taylor fuhr hoch und lauschte blinzelnd. Dann blickte er zu John Beidler hinüber, der die nächtliche Eskapade, wie der Spieler, ohne einen Kratzer überstanden hatte.

„Dieser verdammte Bursche", sagte Muggins grinsend. „Ich glaube, einen Tennesseer muß man dreimal totschlagen, ehe man ihn ins Grab legen kann.

„Ich ging in ein Haus
und fragte nach Brot,
yum — yum — yaaahuuu! In Texas!
Die Lady kam raus,
sagte: ‚Der Bäcker ist tot.'
yum — yum — yaaahuuu! In Texas!"

krächzte Devin und klimperte auf seinem Banjo dazu.

XII. Kapitel

Die Ruhe vor dem Sturm ist ein Traum

„Nach der Entdeckung von Gold in den Black Hills hätte keine Mauer aus Feuer, ganz zu schweigen von einer Mauer aus Indianern, diese schreckliche weiße Menschenrasse, die von Tibet bis Hindustan und von Algier bis Zululand alle Menschen dieser Erde niedergetrampelt hatte, aufhalten können. Ob die Schätze im Boden oder die Spekulation mit der Ausbeutung fruchtbaren Ackerlandes, ob es sich um neue Schiffahrtswege oder Eisenbahnen handelte, stets bedeutete die Entdeckung neuer Wege zum Reichtum, daß die Ersten auch die Reichsten sein würden. Der hartgesottene kalifornische Goldsucher schüttelte augenblicklich den Staub von seinen Füßen und machte sich auf den Weg, der australische Prospektor ließ seine Pike im Boden stecken und lief davon, der Diamantensucher aus Brasilien und Feuerland — alle brachen sie auf nach Norden. Aktenstaubige Buchhalter aus London, Liverpool und New York, englische Börsenjobber, derbe Schotten und leichtherzige Iren, die schon mit der Muttermilch den Abenteuergeist getrunken hatten, die Kohlenkumpels aus Cornwall und Wales, Spieler aus Monte Carlo, schlitzohrige Elsässer und rauflustige Bayern, steife Preußen, betrunkene Dänen und sehnsuchtsvolle Mexikaner, leichtfüßige Franzosen, schwerfällige Kentuckier und hartäugige Tennesseer, schlaksige Texaner, ehemalige Sklaven, Kulis, Verbrecher, Bankrotteure, Priester, Ärzte und

Barbiere wurden unwiderstehlich von der Woge der Habgier nach Westen geschwemmt. Jeder einzelne dieser hemmungslosen Eroberer wußte, daß seine Chancen, zu verhungern, zu verdursten, zu ertrinken und zu erfrieren, skalpiert und gemartert zu werden, an Typhus, Cholera, Blattern oder Schwindsucht zugrunde zu gehen, größer war, als jemals reich zu werden. Aber kaum einer machte auf halbem Weg kehrt, sie alle forderten Himmel und Hölle heraus, und sie wären mitten in den Weltenraum hineinspaziert, wenn es einen Weg dorthin gegeben hätte. Sie tragen an ihren Revolvern und Gewehren nicht schwerer als an ihren wilden Träumen, ihre Rastlosigkeit ist elementar wie eine Naturkatastrophe, ihr Kampfeswille scharf wie die Schneide eines Rasiermessers, ihre Sehnsucht groß wie die Erde. Sie sind ehrlich und verworfen, sanfmütig und schrecklich — alles, aber auch alles gleichzeitig.“

John J. Finerty in: War-Path and Bivouac, 1890

Am Mittag betrat Zed Daniels das Blockhaus. Er hielt einen Teller in der Hand, auf dem drei gebratene Fleischstücke und Hartbrot lagen.

Mike Devin lag auf dem Rücken, das kleine Banjo auf dem Bauch.

„Du scheinst es ja ganz gut zu vertragen“, meinte Zed und hielt Mike den Teller hin. Mike spießte eins der Fleischstücke auf seinem Messer auf und schnupperte wollüstig daran.

„Es geht. Ich habe ein Gefühl im Bauch, als hätte mich ein Maulesel getreten. Ich vermisse Frenchys freundliches Grinsen. Kein Mensch kann grinsen, wie er es konnte. Jetzt ist er schon vier Tage tot. Armer Junge.“

Zed war zum Lager von Tom Jameson getreten.

Tom Jameson nahm das Fleisch in die Hand.

„Wir vermissen den Jungen auch“, sagte Zed. „Wie geht's, Tom?“

„Ich bin so benommen.“

„Benommen?“

„Yeah, als wäre ich halb nüchtern und halb betrunken vom Vortrage.“

Zed legte seine Hand auf Toms Gesicht.

„Fieber hast du auch. Du mußt was essen. Fleisch ist nicht das Richtige, das weiß ich, aber es ist nichts anderes da.“

„Wie sieht es denn draußen aus? Was war das für eine Schießerei, letzte Nacht?“

„Ich habe mit Jack Lake versucht, Fleisch zu besorgen.“ Zed schüttelte den Kopf. „Ohne Erfolg natürlich.“

„Wir gehen alle drauf, verlasse dich darauf.“

„In knapp zwei Wochen kommt Nap mit der Armee zurück.“

„Ich glaube nicht, daß er durchgekommen ist. Ich bin müde.“ Tom schlief ein.

Zed trat an Jam Millers Bett. Der Büffeljäger lag da, zum Skelett abgemagert, in drei dicke Decken gehüllt. Sein Atem ging rasch, sein Kopf war feuerrot.

„Das ist eine Lungenentzündung, sage ich dir“, meinte der Tennesseer.

„Dann würde er husten.“

„Er hustet nicht, aber es ist trotzdem eine. Er muß kalte Umschläge haben. Sonst geht er drauf. Lange macht er es nicht mehr.“

Zed beugte sich zu Jam Miller nieder und rief ihn an. Millers Augen waren tief eingesunken und offen. Aber er sah Zed nicht an.

Zed reichte Mike den Teller.

„Da, nimm du sein Stück.“

„Stell den Teller auf den Tisch. Zed?“

„Ja?"

„Es ist gegraben worden. Wen hat es denn in der Nacht erwischt?"

„Jack Lake."

„Teufel noch mal, wie viele sind wir denn noch?"

„Neunzehn". Daniels warf einen Blick auf Miller, dessen hechelnder Atem den kleinen Raum erfüllte. „Bald nur noch achtzehn."

„Hat Jack sein Gewehr mit zurückgebracht?"

„Wir haben keine mitgenommen."

„Noch zwei, dann hat jeder ein Gewehr."

Zed nickte und ging zur Tür.

„Sage Dave, wenn er Lust hat, würde ich gerne ein Spielchen mit ihm machen."

„Er wird bestimmt kommen."

Eine halbe Stunde später betrat der Spieler mit seinem Bündel die Hütte. Er legte seine Sachen auf eins der Lager, warf einen Blick auf Tom, dann auf Miller und lächelte schließlich den Revolvermann sparsam an.

„Ich werde dir deine ganze Zukunft abgewinnen, Mike."

„Warum bringst du deine Sachen mit? Du siehst so grau und faltig aus. Hast du es auch?"

Dave Poker nickte.

„Yeah." Er bückte sich und legte frisches Holz ins Feuer. Die Flammen wurden rasch größer, Wärme erfüllte den Raum. Einen Augenblick lauschte Mike Devin dem Knattern und Prasseln des Holzes. „Sie greifen nicht an. Sie greifen ums Verrecken nicht an."

Dave Poker legte sich auf das Lager und verschränkte die Hände unter den Kopf.

„Sie wissen genau, warum. Aber wir können dennoch jeden Augenblick damit rechnen. Es ist so merkwürdig still."

„Yeah, ich spüre es seit heute morgen. Es liegt was

in der Luft. Ich bin wieder einigermaßen gesund. Ich werde mich um dich kümmern, wenn es schlimm wird.“

„Danke. Ich bin ganz darauf eingestellt, in vier Wochen in Bozeman im besten Hotel mindestens eine Woche in einem Stück zu schlafen.“

Jam Miller bekam einen Erstickungsanfall. Sein Oberkörper bäumte sich hoch. Er rang keuchend nach Luft und zerriß sich in seiner Not das Hemd. Noch während sich der Revolvermann um ihn kümmerte, fielen plötzlich draußen Schüsse.

„Sie kommen!“ rief eine laute Stimme, und Mike wankte mit butterweichen Knien hinaus. Er war so schwach, daß er sich an die Hauswand lehnen mußte und minutenlang nichts als schwarze Nebel vor den Augen hatte. Die Männer eilten an die Schießscharten.

„Reihenfeuer!“ rief Muggins Taylor. „Es darf keine Pause eintreten. Sie dürfen nicht näher als sechzig Yards herankommen. Wenn es ihnen einfallen sollte, Brandpfeile zu schießen, sehen wir gut aus!“

Auf den Hügelkuppen rund um das kleine Fort erschienen gewehrschwingende Reiter in dichten Wellen. Auf einem kugelförmigen Hügel, etwas abseits, stand eine Gruppe von drei Reitern.

Zwei Stunden rannten die Sioux gegen das Fort an. Aber jedesmal blieben die Angriffe im Feuer der vierzehn Springfields stecken. Schließlich tauchten zwei Pferde auf und wurden von den im Gebüsch verborgenen Sioux auf das Fort zugejagt.

„Was bedeutet das?“ stieß eine Stimme neben Muggins hervor, und Muggins sah, daß dort der Spieler schwer gegen den Palisadenzaun gelehnt stand und sich krampfhaft auf den Beinen hielt.

„Zweihundert Schritte vor dem Tor werden sie sie abschießen,“ rief Paul McCormack. „Darauf habe ich gewartet. Sie wollen uns herauslocken, um uns dann den

Weg zum Tor abzuschneiden und in Ruhe zusammenschießen zu können."

Der Spieler brach zusammen.

„Tim, Jesse! Tragt ihn ins Haus. Wie geht's Mike?" Der Tenneseer war sehr knochig geworden. Seine Hautfarbe hatte eine aschgraue Färbung. „Das will ich dir zeigen", sagte er, legte das Gewehr an, zielte sorgfältig und schoß.

Einer der Häuptlinge auf dem Kugelhügel sank aus dem Sattel.

„Na, ist das nichts? Das sind mehr als dreihundert Yards, Mug!"

Draußen krachten Schüsse, und die beiden Ponys brachen auf einer großen, fast kahlen Lichtung wie von Blitzen getroffen zusammen.

Les Brisbin starrte durch seine Schießscharte. Dichter Pulverrauch wogte um das Fort und über den Büschen ringsherum.

„Das sind keine hundert Yards. Das Fleisch werden wir uns holen."

Es erfolgte kein weiterer Angriff mehr.

Gegen Abend brachte man den vor Schwäche halb bewußtlosen Tennesseer zu seinem Lager. Kurz vor Mitternacht schmierte sich John McCormack sein weißes Haar mit Ruß ein. Er schwärzte sich Gesicht und Hände und ging, nur mit einem Messer bewaffnet, zum westlichen Palisadenzaun.

„Augenblick, John", rief Muggins.

Der Scout sah ihn an und schüttelte den Kopf. „Sage mir nicht, was ich tun soll!"

Er schwang sich über den Palisadenzaun und verschwand.

Kurz vor Sonnenaufgang kam er zurück. Les Brisbin schloß ihm das Tor auf und ließ ihn hineinschlüpfen. John McCormack schritt zum Küchenhaus, verschloß die

Tür hinter sich, entzündete die Lampe und warf eine schwere Pumafelljacke auf den Tisch.

Die Männer in den Bunks öffneten blinzelnd die Augen.

„Die Kadaver waren selbstverständlich weg. Aber das da habe ich einem der Knaben abgenommen. Seht es euch an!"

Muggins sprang aus seinem Bett und stieß einen Schmerzensruf aus, weil er mit dem verletzten Fuß zuerst aufgetreten war. Er nahm die Pelzjacke an sich.

„Das ist Naps Jacke!" murmelte er.

„Yeah, und sogar seine Uhr ist noch drin. Wir brauchen nicht auf die Armee zu warten." Der Scout warf seinem Bruder einen langhaarigen Skalp zu, und der band ihn schweigend zu den anderen, die über seinem Lager an der Wand hingen.

„Ich will dir was sagen, Mug", John McCormack ließ sich auf dem Tisch nieder. „Wir werden die nächsten Tage Mühe haben, sie uns vom Halse zu halten. Jetzt wollen sie es mit aller Gewalt wissen. Sie sind wütend geworden, daß sie so lange in der Kälte draußen festgehalten werden. Wenn sie einige Male vergeblich angerannt sind, werde ich mich auf den Weg nach Billings machen!"

„Bestimme zwei Männer, die mit dir gehen."

„Ich gehe allein."

„Nap ist auch allein gegangen."

„Er hat Pech gehabt. Ich bin nicht besser als er. Ich kann auch Pech haben."

„Und ich habe fest daran geglaubt, daß er durchgekommen sei", murmelte Les Brisbin bitter. Hugh Nye trat durch die Tür und warf seinen Hut zu Boden. Er ging zum Herdfeuer und hielt die Hände darüber.

„Willst du nicht die Tür hinter dir zumachen?" meinte Karl Snyder barsch. Im gleichen Augenblick war ein röchelndes Stöhnen zu hören. „Was ist das?"

„Dave pokert mit dem Teufel um seine Auferstehung! Verdammte Kälte. Wenn doch bald der Schnee käme. So spät ist er noch nie gekommen.“

„Ich sehne mich nicht danach, mich durch den Schnee zu wühlen“, erwiderte John McCormack. Er warf sich auf sein Bett und schlief ein.

Muggins legte sich ebenfalls wieder hin. Hugh Nyes Ablösung ging nach draußen.

„Es sieht schlimm aus“, sagte John Beidler leise in die Stille hinein. Und er redete in seiner harten bayrischen Muttersprache vor sich hin, die niemand verstand.

Wieder vergingen fünf Tage, ohne daß etwas geschah. Die Lagerfeuer der Indianer glühten die ganze Nacht. Sie bildeten einen dichten und weiten Ring um das kleine Fort, in dem die spärliche Frischfleischration nun aufgebraucht war.

Tom Jameson und Mike Devin hatten die Cholera hinter sich gebracht, aber sie waren beide so schwach, daß sie schon nach zehn Schritten keuchten. Jam Miller lag in seiner Bunk. Seine Lungenentzündung war überwunden, weil Lay Anderson ihn Tag und Nacht gepflegt hatte. Aber es war keine gute Nahrung für die drei Kranken da, die sie wieder zu Kräften hätte kommen lassen. Das Wasser im Büffelbalg ging zur Neige, und die anderen Männer waren vom Hunger so geschwächt, daß sie nicht länger als eine Stunde an den Schießscharten stehen konnten. Während ständig drei Wachen am Palisadenzaun auf und ab patroullierten, lagen die anderen schweigend auf ihren Lagern.

Bei Dave Poker sah es eine Weile so aus, als würde er sterben, aber seine zähe Konstitution hatte die Cholera, genau wie bei dem Tenneseer, überraschend schnell überwunden.

Zed Daniels und John Beidler waren bereits mit Spitzhacken zu dem kleinen Friedhof gegangen und hatten begonnen, sein Grab auszuheben, was sie viel Schweiß kostete, da der Boden hart gefroren war. Aber dann öffnete der Spieler plötzlich wieder seine Augen. Sein Stuhl wurde rasch fester, die Harnsekretion kehrte wieder. Aber auch er war durch den Wassermangel zum Skelett abgemagert, bekam an Hals und Körper große Flecken und klagte über heftige Schmerzen im Rücken.

Muggins Taylor blieb eine halbe Stunde bei ihm und kam dann mit schleppenden Schritten zurück.

„Dave hat wohl eine schwere Nierenentzündung", sagte er zu Zed Daniels. Zed nickte.

„Solange seine Karten gesund sind, wird er nicht sterben." Zed erhob sich und trat an die Tür. Er hatte einen verwilderten, wochenlangen Bart.

„Ich kann das nicht mehr hören!" brüllte er plötzlich und stürzte hinaus.

Mitten auf dem kleinen Hof stand in einem Haufen Steine eine Fahnenstange, daran flatterte die amerikanische Flagge. „Uncle Sam soll mich am Arsch lecken!" Mit einem Messer stürzte er auf die Schnüre der Fahne zu.

John Beidler fiel ihm in den Arm. „Laß sie, Zed, das bißchen Tuch ist an allem unschuldig."

„Nein! Verdammt! Sie sitzen in Fort Ellis und wärmen sich die Bäuche. Sie wissen ganz genau, daß wir hier verrecken, und sie rühren sich nicht! Fort Pease! Laß mich los, John!"

„Gehn wir ins Haus zurück."

„Das Ding muß runter!"

„Verliere nicht die Nerven."

Muggins Taylor und die McCormackbrüder kamen heraus. John McCormack nahm Zed das Messer ab. „Die Fahne bleibt oben", sagte er gleichmütig. „Weil man sie nicht essen kann. Das ist der einzige Grund."

Zed Daniels ließ die Arme sinken und nickte mit verzerrtem Grinsen.

„Schon gut", wehrte er ab. „Ich wette, daß sie in Fort Ellis bereits einen feinen Nachruf für uns parat haben. Wir sind die Helden der Nation. Uneigennützige Pioniere, die das Amerika von morgen bauten. Sie werden kommen und unsere Knochen aufsammeln. General Terry wird seine Hand würdevoll zwischen die Knöpfe schieben und mit bewegter Stimme unser Loblied singen."

„Und der Cornet wird in sein Horn blasen", rief Mike Devin, „für jeden von uns einmal ein ganz langer Trompetenstoß. Stellt euch das vor! Dreißig Trompetenstöße. Und dann kommen die Schiffe und spucken Siedler aus. Tag und Nacht wird gehämmert und gehobelt werden. In der Nacht, da werden ganz Kluge zum alten Fort Pease hinüberschleichen und unsere Knochen ausgraben. Sie werden kleine Schildchen darauf kleben und sie für teures Geld verkaufen!" Er öffnete seinen Mund und lachte kreischend. „Stell dir vor, Zed, was da alles passieren kann! Auf deinem Schädel wird vielleicht mein Name stehen. Und auf Muggins Beckenknochen wird vielleicht zu lesen sein, daß diese Reliquie einmal die tapferen Beine von Les Brisbin gestützt haben. Hahaha, und dann wird es ganz Kluge geben, die all die Knochen sammeln, auf denen die Schildchen stehen, und sie werden einen Professor holen, der was davon versteht. Und der wird uns wieder rekonstruieren." Mike Devin schlug sich auf die Schenkel vor Vergnügen.

„Hör auf!" rief Lay Anderson, „der Himmel haßt Burschen, die lästern."

„Lästern? Wie haben sie es denn mit den Knochen gemacht, die sie aus dem Grab im Alamo geholt haben? Hoh, ich habe ihn gesehen, den guten Davy Crockett, der paßte hinten und vorne nicht. Der hatte viererlei Rippen und zwei verschieden lange Beine. Ich habe es deutlich gesehen. Der kluge Knocheningenieur hatte verschieden lange Drähte genommen. Stell dir vor, Dave, wie versöhnlich so etwas stimmt. Da machen sie aus deinem Todfeind John und dir einen halben Menschen. Die linken Rippen gehören John, die rechten dir. An deinem Schienbein hängt Johns Fuß."

„Das ist auch ein Grund, warum ich lieber nicht sterbe", erklärte der Spieler.

„Hahaha, und dann werden die Leute vor unseren Rekonstruktionen stehen und die Köpfe schütteln. ‚Junge das müssen Kerle wie Affen gewesen sein', werden sie sagen, und es wird ihnen ein Schauer nach dem anderen über den Rücken laufen. Vielleicht werden ein paar Leute kommen und in Tennessee erzählen, daß der berühmte Mike Devin einen kurzen und einen langen Arm und einen viel zu großen Kopf gehabt hat. Und dann, Gentlemen, wird die nächste Generation für viel Geld unsere Skelette sammeln und klammheimlich verschwinden lassen, weil sie sich schämen, daß ihr Amerika von solchen Kreaturen erobert wurde. Sie werden das alte kleine Fort dem Erdboden gleichmachen und ein Hotel darauf bauen. Sie werden das Denkmal mit unseren Namen in den Fluß schmeißen und von nichts mehr reden."

„Da hinten ist ein großes Feuer!" rief Dick Davids, und die Männer eilten alle an den nördlichen Palisadenzaun.

Über dem Wald stand eine große Rauchwolke.

„Beratungsfeuer", meinte John McCormack. „Endlich. Spätestens morgen früh geht es los. Sie haben sich ausgerechnet, wie lange ihre Bäuche brauchen, um einzutrocknen. Sie trauen uns jetzt kaum noch großen Widerstand zu. Sie werden sich allerhand überlegen. Aber dabei kommt nicht mehr heraus, als das, was wir bereits von ihnen kennen. Was meinst du, Mug?"

„Ich glaube nicht, daß sie es auf die alte Art versuchen und mit Pferden angreifen. Aber ich mache mir andere Sorgen.“ Er warf einen Blick rundum.

„Feuer?“

„Yeah. Sie stehen drüben am anderen Ufer, und es sind bestimmt mehr als hundert. Wenn sie zuerst den Palisadenzaun voll Brandpfeile schießen und gleichzeitig die Häuser erwischen, dann geht es uns wirklich an den Kragen.“

„Das Holz ist mit Feuchtigkeit vollgesogen. Der Frost hat alle Poren mit Eis zugefroren. So einfach brennen die Stämme nicht“, warf Les Brisbin ein.

„Das stimmt schon. Aber sie haben ja Zeit genug, uns Tausende der Dinger herüberzuschicken und das ganze Fort in Ruhe aufzutauen.“

„Brandpfeile sind schwer, weil sie an der Spitze Tran und Pech getränkte Lumpen haben. Wir dürfen sie eben nicht näher als sechzig Yards herankommen lassen“, meinte Tim Settle.

John McCormack schüttelte seine weiße Mähne.

„Wir müssen mit mindestens sieben- bis achthundert Angreifern rechnen. Wir haben vierzehn Gewehre. Damit können wir jede zwei Sekunden einmal schießen. Sie werden rundum angreifen. Vor jedem Gewehr befinden sich also rund fünfzig Angreifer. Um alle diese fünfzig zu treffen, brauchen wir hundertfünfzig Sekunden, also rund drei Minuten. Wir haben das Gebüsch bis zu einem Umkreis von hundert Yards abgeholzt. Also wirklich gut treffen können wir nur innerhalb dieses Raumes.“

„Wir werden auch eine Anzahl von ihnen innerhalb des Gebüschs treffen“, sagte Muggins.

„Sicher. Aber das wissen sie auch. Deshalb müssen sie innerhalb von dreihundert Yards absteigen und bis an den glatten Streifen kriechen. Wenn sie dann alle gleichzeitig hochspringen und auf uns zurennen, so haben wir innerhalb der hundert Yards mindestens vierzig Sioux vor jeder Mündung. Diese Strecke legen sie in fünfzehn Sekunden zurück. In dieser Zeit können wir fünfmal schießen. Wenn jeder Schuß ein Volltreffer ist, erledigen wir im höchsten Falle also fünf von fünfundvierzig. Der Rest ist dann am Zaun."

„Wir haben jeder zwei Revolver. Das sind zwölfmal vierzehn Schuß", warf Link Martin ein.

John McCormack nickte zustimmend.

„Ich möchte wissen, warum wir, zum Teufel, nicht statt der Springfields-Winchester 66er mitgenommen haben", rief Jesse Harris wütend. „Das wären zwanzig Schuß in zehn Sekunden pro Nase gewesen."

„Es war ein Fehler", gab Muggins zu. „Aber die Dinger taugen zur Jagd nichts, weil die Patronen zu schwach sind. Es gibt zwar das Modell 73 mit einem 44er Lauf, der für Revolverpatronen und für Karabinerpatronen mit großer Pulverladung paßt, aber es waren keine in Bozeman zu bekommen. Im übrigen war euch Büffeln ja nicht beizubringen, daß . . ."

Paul McCormack winkte ab.

„Schon gut. Wir hätten die leichten Dinger auch kaum mitgenommen, weil wir an Sharps und Springfields gewöhnt sind. Und hätten wir sie gehabt, so hätte Frenchy sie wahrscheinlich auch in den Fluß geschmissen wie das andere. Trotzdem, die Sache sieht immer noch nicht hoffnungslos aus."

Muggins Taylor nickte.

„Eben. Sobald sie mehr als 20 Prozent Verluste haben, werden sie passen. Wir machen sie mit unseren Büchsen schon beim Anmarsch unruhig. Wenn sie dann stürmen, schießen wir zweimal mit den Gewehren und benutzen dann die Revolver. Die Schießscharten sind groß genug und haben fast keinen toten Winkel. Es müßte sich schon eine Rothaut ganz flach unten vor den Sockel legen." Er wendete den Kopf um und rief:

„Hast du gehört, Dave?"

„Yeah!"

„Revolver haben wir genug. Jeder von euch bekommt vier. Ihr habt einen fast vollkommenen Überblick über die drei Landseiten des Zauns. Jeder nimmt sich eine Seite und schießt alles ab, was oben erscheint."

„In Ordnung", rief Dave Poker mit schwacher Stimme zurück. „Aber sie kennen das Fort genau. Sie waren oft drin. Sie wissen, daß wir Revolver genug haben. Und sie können sich ausrechnen, wie groß ihre Chancen sind. Sie machen sich wohl auch keine Illusionen über unsere Treffsicherheit und Schnelligkeit. Sie würden ja bei einem solchen Sturm mehr als die Hälfte verlieren. Ich glaube nicht, daß sie jetzt darüber beraten, wie sie sich am besten ausrotten lassen können. Jedenfalls wäre es gut, wenn ihr mich hier so an die Schießscharte anbinden würdet, daß ich nicht umfalle, wenn ich mal ein bißchen schlapp bin."

Die Männer gingen ins Küchenhaus zurück. Muggins rief den Wachen zu, daß sie alles Besondere melden sollten, auch jede Kleinigkeit.

Er ging mit John Beidler zu Dave Poker.

Mike Devin, der Revolvermann, hatte sein Bett von der Wand weggerückt und einen Schemel genau so zwischen zwei Schießscharten gestellt, daß er rasch und ohne sich zu bewegen aus beiden schießen konnte. Muggins schimpfte böse, als er den verwundeten Fuß anstieß. Er hatte vor einigen Tagen die Krücke verbrannt. Er konnte leidlich gehen, trat aber vorsichtig auf. Er schaute durch die Scharten und nickte zufrieden. „Da hast du die ganze westliche Wand genau vor dir. Na, Tom, hier kannst du mit Jam die ganze nördliche Palisade beherrschen." Er wendete sich dem Spieler zu. „Wie geht es, Dave?"

„Ich habe mir einen festen Wickel gemacht. Ich spüre

die Nieren und den Magen nicht mehr. Hier, die ist gut. Hier möchte ich festgebunden werden."

John Beidler schaute hinaus und nickte Muggins zu.

„Gut", lächelte er den Spieler an. „Du bist es gewöhnt, mit einem Dringer zu schießen, Dave."

„Nur über einen Pokertisch hinweg", ergänzte der Spieler. Beidler stellte einen Schemel vor die Wand.

„Stell dir vor, jeder, der auf den Palisaden auftaucht, hätte zweihundert Dollar in der Tasche. Dann triffst du auch auf diese Entfernung ganz bestimmt."

Ehe der Spieler antworten konnte, war Beidler draußen.

„Ein bissiger Hund, nicht?" sagte Mike Devin grinsend, und er kratzte sich mit der Mündung seines Revolvers im Nacken. „Wie viele Männer hast du erschossen, Dave?"

„Sechs waren langsamer als ich", antwortete der Spieler müde und legte sich auf sein Bett.

Der Revolvermann lachte.

„Warum will er dich eigentlich reizen?"

„Um seine Rührung zu verbergen, daß er mit mir zusammen draufgeht."

Zed Daniels streckte den Kopf durch die Tür.

„Komm, Mike, das Dinner ist fertig."

„Aha, was gibt es denn heute?"

„Steak, Bohnengemüse, frisches Brot, Rösttomaten und drei Spiegeleier."

„Immer Steak. Das ist ja langweilig."

„Hört auf damit!" schrie Tom Jameson.

„Siehst du, er hat auch das ewige Steak leid." Der Revolvermann wischte durch seinen wochenlangen Bart und erhob sich. Er sammelte die Blechteller ein, die auf dem Tisch standen. „Wenn ihr wenigstens einen vernünftigen Nachtisch geben würdet. Aprikosengelee mit . . ."

Tom Jamesons Stiefel flog dicht an Mikes Kopf vorbei und prallte krachend gegen die Tür. Der Tennesseer lachte auf und folgte Zed Daniels ins Küchenhaus. Er sah die vier Männer an den Schießscharten stehen und müde ins kalte Tageslicht hinaus blinzeln. Die Rauchsäule über den Hügeln hob sich wie ein schlanker, schwarzer Pilz gegen den Hintergrund der mit weißen Schneekuppen bedeckten Berge des Hinterlandes ab.

Im Küchenhaus stand auf dem Tisch das Faß mit Pökelfleisch. Mike Devin warf einen Blick hinein. Zed Daniels schöpfte die wäßrige Salz-Salpeter-Lösung ab und begann mit einem Schöpflöffel die Rationen auf die Teller zu legen.

„Noch knapp zehn Tage", sagte er und sah Muggins Taylor an, der mit seiner Ration zu der Lederwanne ging, in der die Männer das Salz aus dem Fleisch wuschen, um es danach an kleinen Spießen über das Feuer zu halten.

Mike Devin hob den Sack mit dem Hartbrot hoch.

„Federleicht! Die im Alamo haben wenigstens Wärme gehabt."

„Mit der Nahrung war es aber das gleiche", sagte Karl Snyder, der Büffeljäger aus Texas. „Sie stahlen nachts Pferde der Mexikaner, aber in der Hitze wurde das Fleisch schnell schlecht."

„Spielt keine Rolle", knurrte Link Martin. „Da hatte es einen Sinn. Sie haben General Santa Ana praktisch das Genick gebrochen. General Houston brauchte ihn nur noch in die Falle zu locken. Und wir?"

Mike Devin lachte bissig.

„Genau das gleiche, Link! Wir geben General Terry einen Grund, die Sioux auszurotten, und zwar so, daß er behaupten kann, die Indianer hätten angefangen, den Vertrag zu brechen. Die im Alamo haben General Houston Zeit gegeben, seine Armee zu versammeln. Was ist da der Unterschied?"

„Daß du hier dein Geld als Revolvermann verdienen wolltest!“ sagte Muggins Taylor. „Die anderen als Büffeljäger, Holzhändler, Fellhändler, Geschäftsleute und . . .“

„Und du?“ fragte Les Brisbin. „Du hast von Anfang an gewußt, daß wir hier unser eigenes Grabdenkmal bauen.“

Muggins’ eingefallenes Gesicht regte sich nicht.

„Ich bin Scout. General Terry hat mich gefragt, ob ich ein Fort bauen wolle. Ich habe gesagt, daß das in Ordnung ginge. Er hat mich nicht gefragt, ob ich mich aufhängen wolle.“

Zed Daniels winkte ab.

„Schon gut. Wir kennen die Rothäute lange genug und wußten, daß es eine Garnison werden sollte. Frenchy hat zu früh geschossen. Das ist das gleiche, wie wenn das Pferd, auf dem man sitzt, unversehens in einen Präriehundebau tritt und sich das Genick bricht. Wenn man Pech hat, geht der eigene Nacken auch drauf.“

Mike Devin nickte grinsend.

„Wer Pech hat, bricht sich in der Nase den Finger. Ich habe nie einen Schuß abgegeben, wenn ich nicht vorher genau wußte, was er einbringt. Ich habe mich längst mit dem Gedanken abgefunden, daß ich zum Schluß doch ein Held bin. Die Nation wird Mike Devin aus Tennessee alle seine Sünden verzeihen, und die roten Kittys und blonden Marys werden schluchzend davon berichten, daß der gute Mike sie heiß und innig geliebt hat. Die bunten Vögelchen werden in allen Städten des Westens mit Schildern um den Hals herumlaufen: ‚Dreimal von Lee Buckland geküßt!‘ — ‚Ich habe ein Kind von Muggins Taylor.‘ Vielleicht wird sich später mal einer die Mühe machen und feststellen, wie viele Kinder jeder von uns hat.“ Mike Devin war mit dem Auswaschen fertig und legte die Fleischstücke in die riesige Pfanne, die auf dem Dreifuß über dem Feuer stand.

Mit dem dampfenden Fleisch ging er zu den anderen hinüber. „Die schönsten Stücke von einem Elchkalb", sagte er. „Lende! Zart wie die Umarmung einer Jungfrau. Nahrhaft wie der Fluch eines Mormonen."

Er bückte sich, blieb plötzlich mitten in der Bewegung stehen und schwankte. Er stützte rasch eine Hand gegen die Wand und schaute blinzelnd um sich.

„Diese elende Schwäche."

„Mike, wieviel Vorrat ist noch da?" fragte Tom Jameson.

„Für knapp zehn Tage. So lange reicht auch noch der Holzvorrat. Dann ist es aus."

Tom Jameson warf Jam Miller einen Blick zu, und der Büffeljäger nickte.

„Ist John schon weg?"

„Er will bis nach dem Angriff warten."

„Er soll heute abend noch gehen. Wenn der Angriff kommt, werden wir sie einmal, zweimal, vielleicht auch noch dreimal zurückschlagen. Aber inzwischen wird es Schnee geben."

„Hm", brummte der Revolvermann und wischte tastend über die Stelle, an der er einmal einen Bauch gehabt hatte. „Schnee! — Gewiß. Dann ist es zu spät. Ein Blinder könnte seiner Spur folgen."

„Ich spüre es an meiner Hüfte", sagte Dave Poker, der Spieler.

„Was hat der Schnee mit deiner Hüfte zu tun?"

„Es steckt eine eiserne Pfeilspitze im Beckenknochen. Deshalb bin ich Spieler geworden. Das ist die einzige Beschäftigung, bei der man auch sitzend nicht einschläft wie ein Buchhalter."

„Deine Hüfte sagt also, daß es Schnee gibt. In Ordnung! Und bei dir, Jam?"

„Ich spüre ihn in der Nase, und dann habe ich geträumt, daß mir Flocken in den Mund geflogen sind."

Mike Devin zog seine Hose hoch und ging hinaus.

Muggins Taylor, Ed Bolenbaugh und Jesse Harris wanderten, mit den Gewehren in der Armbeuge, am Zaun entlang.

„Mug, was ist, wenn es schneit? Will John dann unter die Eisdecke schlüpfen und bis Billings schwimmen?"

Die harten Linien in Muggins Gesicht wurden scharf.

„Er wird nach Einbruch der Dunkelheit gehen. Leg dich aufs Ohr, Mike, du siehst wie dein eigenes Gespenst aus."

Mike Devin blieb einen Augenblick stehen und schaute über die kleinen massigen Blockhütten, die Palisaden, die Grabhügel zu dem schlaffen Büffelbalg hin. Sie hatten kein Wasser mehr. Es gab nur noch für wenige Tage schlechtes Fleisch und Brot, das man mit der Axt zerschlagen mußte. Mehr als ein Drittel von ihnen war tot. Der bullige Nat McNash, der einen ausgewachsenen Stier bei den Hörnern packte und ihn auf den Rücken warf, hing sich bei der Wache das Gewehr um, weil es ihm in den Händen zu schwer wurde. Er selbst hatte ein Gefühl im Leib, als hätte man ihm die meisten Knochen herausgenommen. Er spürte seine Haut wie hartes Leder, faltig und rauh auf dem Körper liegen. Draußen loderte in den Hügeln ein großes Rauchfeuer. Fort Ellis lag an der Milchstraße, Bozeman war eine Stadt auf der Venus. Tennessee? Da war er vor drei Leben geboren. Das lag irgendwo zwischen Sonne und Mars.

Die Kälte hatte merklich nachgelassen. Es war fast warm geworden im Gegensatz zu den letzten Nächten. Ab und zu knisterte und barst es hinter den Palisaden im Land, wenn das sich ausdehnende Holz der Bäume vom Frost zerrissen wurde.

In der letzten Nacht waren die Männer aus Texas,

die den Montanawinter nicht kannten, hochgeschreckt, wenn es in der Ferne knallte und krachte.

Mike lächelte, als er an Karl Snyders angespanntes Gesicht dachte und die Verblüffung darin sah, als er ihm erklärte, daß dies die Bäume seien, in deren Mark sich der Saft in Eis verwandelte und das sich ausdehnende Eis den Stamm sprengte.

Das Fort war still. Man hörte nur, wenn einer ging, das Knarren der Stiefelsohlen und das morsche Knirschen der Lederschäfte. Das Lederfett hatten die Männer gegessen. Sie hatten den eisenharten Mais, das Futter für die Pferde, gekocht und gegessen. Sie hatten alles gekaut, gekaut, was zu kauen war, und alles geschluckt, was geschluckt werden konnte.

Der Himmel über dem weiten Viereck der Palisadenzäune war milchig weiß, die Sonne lag in einem Meer von Strahlenkränzen, die wie durch tausend feine Siebgespinste drangen.

In den anderen beiden Blockhäusern ruhten die Männer regungslos auf ihren Lagern, schliefen oder starrten vor sich hin. Der Hunger hatte sie mager gemacht wie ausgehungerte Wölfe. Sie hatten fingerlange Bärte und struppiges Haar, das ihnen bis an die Schultern reichte. Nur Dave Poker, der Spieler, war glatt im Gesicht. So schlimm, daß er sich nicht jeden dritten Tag rasierte und jeden zweiten Tag sorgfältig seine Kleidung bürstete, konnte es gar nicht kommen.

Bis jetzt hatten sie alles gegessen, um zu leben. Nun, da es dem Ende zuging, waren sie alle ruhig geworden. Sie sprachen kaum noch miteinander, und wenn, dann nicht mehr davon, was man wie tun würde, sondern nur von alten Tagen, Erinnerungen, Erlebnissen. Was zu tun war, wußte jeder von ihnen. Das ergab sich aus dem Augenblick. Sie mußten kämpfen. Das war alles. Wie, würde sich ergeben.

Ed Bolenbaugh kam dicht an Mike Devin vorbei, der sich schwer gegen die Türfront des Blockhauses stützte.

„Ich hätte meine Frau nachgeholt", sagte er. „Wenn es hier soweit gewesen wäre."

„Ich wußte gar — nicht, daß du — verheiratet bist."

„Verheiratet nicht. Das hätte Lay in seiner funkelnagelneuen Kirche übernehmen sollen. Sie ist in St. Louis. Der Kleine ist jetzt drei Jahre alt. Ich habe ihn noch nicht gesehen."

„Du hast einen Sohn?"

„Ja. Ich habe sie in New Orleans kennengelernt. Franko-Amerikanerin. Durch den Krieg und die Yankees alles verloren. Ich nahm sie mit nach Kansas. Da wurde sie krank. Tuberkulose. Ich habe alles mögliche versucht. Bin meiner Chance mit Büchse und Revolver nachgelaufen. Jetzt ist sie wieder gesund. Der Kleine soll meine Augen haben. Wie findest du meine Augen?"

„Hm, wenn er nicht mehr von dir hat, laufen ihm vielleicht nicht die Hunde nach!"

„Leg dich hin, Mike", rief Muggins Taylor, „du wirst noch lange genug stehen müssen!"

„St. Louis ist ungefähr meine Richtung, Ed. Wir reiten zusammen hin, und ich stelle deinem Kleinen seinen besten Onkel vor. Wie heißt er denn?"

„Hood."

„Nach General John Hood?"

Ed nickte.

„Ich war bei Davils Den dabei. Von dem Hügel aus hätten wir die ganze Front der Yankees aufgerissen, wenn nicht Unionsgeneral Warren eine Stunde zu früh gestürmt wäre. Hood hat gefochten wie ein Teufel." Ed Bolenbaugh drehte sich um, schaute angestrengt durch eine Schießscharte, und Mike Devin ging ins Blockhaus.

„Jetzt bekommt sein Junge nicht einmal seinen Namen", meinte Tom Janeson rauh.

XIII. Kapitel

Der Angriff

„Was alle Indianer immer wieder in blankes Entsetzen versetzte, das war die Treffsicherheit von uns Trappern und Mountain Men, so daß praktisch jeder Schuß bei uns ein Treffer bedeutete. Für die Indianer war ein Gewehr in erster Linie eine Donnerbüchse, die allein schon durch Feuerblitz und Donnerschlag den Gegner in Furcht geraten ließ, weil Blitz und Donner überirdische Kräfte darstellten. Sie haben diese tief in ihrem Bewußtsein verwurzelte Mythologisierung der Feuerwaffe nie ganz überwinden können und blieben deshalb miserable Schützen, obwohl sie alle Voraussetzungen gehabt hätten, die besten Schützen der Welt zu sein.

Strategie beim Angriff kennen sie nicht. Jeder kämpft, wie es ihm gerade paßt, es gibt niemand, der sie kommandiert oder gar abseits steht, um einen Überblick über die Lage zu behalten und dann die richtigen Befehle zu geben. Die Häuptlinge sind nur deshalb Häuptlinge, weil sie ganz vorne kämpfen und sich vor anderen hervortun. Da sie glauben, daß ein Mann ohne Skalp in den ewigen Jagdgründen Sklave seines irdischen Bezwingers ist, lassen sie niemals Tote zurück, wenn das irgendwie zu machen ist. Bei solchen manchmal geradezu blödsinnig gefährlichen Versuchen, Tote zu bergen und Verwundete aufzusammeln, werden sie oft erschossen.

Sind sich Indianer des Erfolges sicher, so gönnen sie

ihren Familien ein Schauspiel und lassen Frauen, Kinder und Alte auf erhöhten Hügeln aufmarschieren.

Indianer, die Weiße einmal angegriffen haben, muß man bekämpfen, bis sie tot sind. Es gibt sonst keine andere Möglichkeit, einen nächsten Angriff zu verhindern. Wir schießen grundsätzlich alles ab, was sich bewegt."

W. T. Hamilton in: Four Traders

Der ganze Tag war vorbeigegangen, und über den Hügeln ragte der Rauchpilz des großen Feuers bis in den Dunst des Himmels hinein.

John McCormack hatte seine Revolver geölt, mit einem Schleifstein vorsichtig das Bowiemesser geschliffen und damit erst aufgehört, bis er sich mit einem kleinen Streich gleich ein ganzes Stück seines Bartes sauber und glatt abgeschabt hatte.

Dann schüttelte er den Kopf, als Zed Daniels mit einem kleinen schmutzigen Beutel kam.

„Entweder bin ich in vierundzwanzig Stunden so weit, daß ich mir genug zu essen schießen kann, oder ich bin es nicht. Dann brauche ich das Zeug sowieso nicht mehr." Er reichte Paul seine Maiskolbenpfeife. Dessen Pfeife war bei seinem letzten Gang mit Frenchy durch eine Kugel in der Hosentasche zertrümmert worden.

Dann kam der Augenblick, da John Beidler vorsichtig das Tor öffnete.

John McCormack verschwand.

Stundenlang horchten die Männer, draußen an den Palisaden und in den Häusern, auf Schüsse. Aber es blieb bis auf das Geheul der hungrigen Wölfe still.

Karl Snyder löste Les Brisbin eine Stunde nach Sonnenaufgang ab. Er hatte sein Gewehr über die Schulter geworfen und einen dampfenden Becher Kaffee in den Händen.

„Die Rauchsäule steht nun schon die ganze Nacht da. Das muß ein Feuer sein, an dem sie mindestens zehn Büffel braten“, sagte Les Brisbin gähnend, und er ging ins Küchenhaus.

Mit Karl Snyder waren Dick Davids, Link Martin und John Beidler auf Wache gegangen. John Beidler beobachtete das südliche Flußufer, Martin das westliche, Dick Davids das östliche Vorland. Karl Snyder stellte sich dicht neben das Tor an die nördliche Zaunwand, schaute kurz zu der gewaltigen Rauchfahne hin, die wie aus einem Loch zur Hölle unermüdlich gespeist wurde, und trank den heißen Kaffee, der eine durchsichtige braungelbe Farbe hatte und nur für jemand, der noch nie Kaffee getrunken hatte, noch einen Geschmack haben konnte.

Dann kam Dick Davids, der Cowboy und ehemalige Trailboß aus dem Pfannenstiel von Texas, auf ihn zu.

„Ob John durchgekommen ist?“

Karl zuckte die Schultern.

„John ist listig wie eine Schlange und rauh wie ein Maiskolben. Ich weiß nicht, ob er die Indianer haßt, weil er sie kennt, oder ob er sie kennt, weil er sie haßt. Ich weiß nur, daß er der einzige von uns ist, der es schaffen kann. Seinen Bruder vielleicht ausgenommen.“

Der Cowboy tippte ihn in die Seite und stieß hervor: „Hey, komm her, sieh dir das an, und sage mir, daß ich verrückt geworden bin.“

Snyder stürzte an die Schießscharte. Er schaute hinaus, wohin die ausgestreckte Hand Davids deutete, und blinzelte verblüfft in das kalte Morgenlicht.

Auf einem nackten großen Hügel, etwa fünfhundert Yards entfernt, krabbelte es wie auf einem Ameisenhaufen. Hunderte von kleinen Gestalten, deutlich sichtbar in bunte Decken gehüllt, viele mit Bündeln auf dem Rücken, viele klein wie Kinder, gingen, stiegen, schritten, kletterten dort mit langsamen und bedächtigen Bewegungen hin und her.

Karl Snyder stand der Mund offen.

„Das sind keine Krieger. Die hätten Federn im Haar. Was wollen sie denn da auf dem Hügel?“ Er wendete sich um und rief John Beidler zu: „He, John, sieh dir das doch mal an!“

„Was gibt's?“

„Komm her! Es scheint loszugehen!“

Der kleine bullige Mann, der hager wie ein Brett geworden war und den seine Kleidung, die er zu Beginn des Marsches bis auf die letzte Falte wohl ausgefüllt hatte, wie ein Theatervorhang umschlotterte, kam näher. Er schaute durch die Schießscharte. Fast eine ganze Minute schaute er dem unerklärbaren Treiben auf dem Hügel zu.

Link Martin wurde ungeduldig.

„Was bedeutet das, beim Geier? Was machen die da?“

John Beidler rief laut: „Mug, Zed, Lay, kommt raus! Es geht los! Seht euch das an!“

Ohne die geringste Hast kamen die Männer heraus, und dennoch waren innerhalb einer halben Minute alle Posten besetzt. Die Männer starrten zum Hügel hin.

„Das sind Frauen“, sagte Muggins Taylor. „Frauen mit ihren Kindern und Babies auf dem Rücken!“

„Ich habe mal einen Zirkus in Kansas City gesehen“, meinte Tim Settle. „Da kamen so viele Menschen, daß die umliegenden Hügel genauso besetzt wurden wie da drüben.“

Zed Daniels nickte und setzte einen Becher Kaffee an den Mund.

„Es ist das gleiche. Sie haben ihre Weiber und Kinder dort auf dem Hügel postiert, damit sie zusehen sollen, wie ihre tapferen Männer und Söhne die Bleichgesichter auseinandernehmen! Hast du schon mal so was erlebt?“

Muggins schüttelte den Kopf.

„Noch nie. Aber bei dem Kampf auf Beechers Island, im September 1868, da sollen es die Cheyennes genauso gemacht haben."

„Wie wäre es, Mug — halte doch mal deine Betsy rüber!"

„Das will ich nicht gehört haben, Zed", gab der Scout zurück. „Ich schieße nicht auf Frauen und Kinder."

„Du bist aber eine Seele von Mensch! Wenn sie uns lebend erwischen, dann werden uns die gleichen Frauen und Kinder so zärtlich in ihre Obhut nehmen, daß wir gleich ganze Himmelschöre hören werden."

Zed Daniels nahm seine Springfield an die Schulter.

Mit einem wilden Satz war Muggins bei ihm und schlug ihm das Gewehr aus der Hand.

„Zed, es wird gleich losgehen. Deshalb will ich keinen Streit. Sie haben ihre Sitten, wir unsere! Wenn es ihre Sitte ist, daß Frauen und Kinder weiße Gefangene schinden, so ist es unsere, nicht auf Frauen und Kinder zu schießen, verstanden?"

Paul McCormack lächelte schief vor sich hin und stapelte Patronenschachteln in die großen Kerben, die sich am ganzen Zaun entlang neben den Schießscharten befanden.

„Mug, du brauchst es nur zu sagen, ich habe noch ein schwarzes Hemd, das ich in schöne dünne Streifen reißen kann", sagte er ruhig.

„Wozu?" bellte Muggins mißtrauisch.

„Nun, wenn das so ist, würde ich vorschlagen, daß wir um jede Kugel einen Trauerflor binden, bevor wir sie rausjagen!"

Die gähnende Stimme von Mike Devin erklang aus dem Blockhaus:

„Ist es soweit, Männer?" Er kam aus dem Haus, reckte und dehnte die Arme, schüttelte den Kopf und kämpfte einen langen Augenblick gegen den Schwindel, der ihn ergriff.

Muggins trat zur Seite und ließ ihn durch eine Scharte blicken.

Der erfahrene Revolvermann begriff es sofort.

„Sieh einmal an. Das hätte ich nicht gedacht. Sie haben Sinn für Poesie und Pose! Das ist eine verdammt feine Loge. Im Opernhaus von New Orleans würden sie dafür zehn Dollar pro Nase ausgeben müssen.“ Er schaute sich um. „Sobald jede rote Lady ihren Platz eingenommen hat, beginnen sie mit der Ouvertüre. Großer Aufmarsch der Helden. Paßt mal auf. In breiter Front. Die ganz tapferen und unerschrockenen Söhne Manitous vorne.“ Er drehte sich um, wandte sich wie ein Redner rechts und links zu den Männern an den Schießscharten und rief heiter: „Gentlemen! Vom Hügel aus muß unsere schöne kleine Festung wie eine Pfanne aussehen, wenn ich mich nicht irre. Darin sind wir die saftigen Happen, die sich jetzt die Jünglinge der Sioux aus der Soße fischen wollen. Gentlemen, ich denke, daß wir ihnen einen blauen Bohnensalat dazu servieren, der es in sich hat. Was meinst du, Zed?“

Zed Daniels grinste breit.

„Dich habe ich im Verdacht, daß du heimliche Vorräte gesammelt hast, so übermütig bist du.“

„Irrtum. Mein Vater ist als Kanone zur Welt gekommen, meine Mutter hatte soviel Feuer, daß sich die Leute an ihren Blicken die Pfeife anzündeten. Jungen, das ist nichts als der Übermut eines total Übergeschnappten“ — er zog seine beiden großen Colts hervor und ließ mit unnachahmlicher Geschicklichkeit die Trommeln rotieren und Schlaghähne spielen —, „der seine Instrumente stimmt. Das sind meine Geigen!“

„Da kommen sie!“ rief Nat MacNash. „Alle Sioux, die es zwischen Alaska und Feuerland gibt.“

Innerhalb eines großen Halbkreises um das Fort, der sich vom westlichen Fluß quer über Hügelkämme und Wellentäler spannte, tauchten Reiter auf.

„Ich wette, die haben sich sogar noch bei den Nachbarn ein paar geliehen“, meinte Mike. „So viele Sioux kann es doch gar nicht geben! Sage, Mug, haben wir auch für jeden ein hübsches schweres Bonbon?“

„Das sind ungefähr tausend“, meinte Paul McCormack. „Das gäbe einen großartigen Teppich.“

„Teppich?“ fragte Dick Davids verständnislos.

„Tausend Skalps! Die Sioux haben einen besonders dichten Haarwuchs. Das mag an der kalten Witterung im Winter liegen. Hast du schon mal von Old Bill Williams gehört?“

„Der Mountain-Mann?“

„Hem! Der hatte vier verschiedene Satteldecken. Eine aus Pah-Ute-Skalps, eine von Jicarilla-Apachen und je eine von den Schwarzfüßen und Piegans.“

„Also seid ihr McCormacks nur Nachahmer!“ sagte Mike Devin und schüttelte den Kopf, während er mit einem Auge die sich langsam verengende Linie der Indianer beobachtete. „Was das überhaupt für eine Art ist, sich Körperteile seiner Gegner an den Gürtel zu binden oder unter den Sattel zu legen. Das sind Manieren, die ich als rückständig verachte. Hier, die Revolver, das ist was. Ein guter Mann und die gleichen Chancen. Ein Spiel mit Blei statt Karten. Meisterschaft der Bewegungen. Beherrschung dieser feinen Maschine aus Stahl. Und Manieren, Paul, Manieren, das ist die Art eines Granden, eines Gentleman. Mit dem Beil einem den Schädel einschlagen, Ohren abschneiden, Haare ausreißen. Das ist was für einen Grizzly, aber nichts für einen gebildeten Mann mit Erziehung und ehrwürdigen Ahnen!“ Der Scout spuckte einen Strahl Tabaksaft vor Mikes Füße.

„Du bist doch nur eine Maschine, Mike."

„Nein, mein Junge. Absolut nicht. Du verstehst das nur nicht. Meine Ahnen waren mexikanische Hidalgos. Herren mit festen Ehrbegriffen. Sie haben sich mit Degen bearbeitet, wenn sie ihren Schönen imponieren wollten. Der Revolver ist eine Erfindung, die aus einem Mann wieder einen Gentleman macht!"

„Weißt du, wie du hierher paßt?"

„Wie ein teures Menu aus St. Louis' Mayfair Hotel zwischen die Füße eines Hinterwäldlers!" Lachend drehte sich Mike Devin um und ging zum Blockhaus zurück. Dort rief er aus der Tür:

Brulé-Sioux auf dem Kriegspfad, 1876

„Gentlemen, obgleich ich dieses Schlachtfest als einen schlimmen Angriff auf meinen guten Geschmack betrachte, werde ich mich, wenn auch ungern, daran beteiligen."

„Das ist nett von dir", gab Zed Daniels zurück.

Ruhig lehnten die Männer nun an den Palisaden und beobachteten, wie sich der dichte Kreis der berittenen Krieger, die sich von allen Seiten auf das Fort zu bewegten, immer mehr schloß.

Ein leichter Wind wehte die ersten kleinen Schneeflocken vor sich her, die gegen die Haut der Männer flogen und dort schmolzen.

Die scharfen Augen von Muggins Taylor waren ruhig

wie seine Hände. Plötzlich rief er: „Jetzt!“, und eine krachende Salve fuhr in die lange Reihe. Gleich danach kam die zweite Salve, und von nun an krachten ununterbrochen die schweren Weitschußbüchsen.

Noch bevor die Sioux überhaupt zum Angriff ansetzen konnten, geriet ihre Linie in ein heilloses Durcheinander. Pferde stürzten, sprangen hoch, rannten wild davon, Krieger wurden zu Boden geworfen.

Die Linie der Reiter setzte sich in Bewegung, jagte heran, ohrenbetäubendes Geschrei erfüllte die Luft. In den langen Mündungsflammen der Gewehre verdampften die Schneeflocken. Die Läufe wurden heiß, Patrone um Patrone wurde von ruhigen Fingern in die Kammern gelegt, heiße Hülsen flogen den Männern um die Ohren, eine breite Wolke von Pulverdampf floß aus den Schießscharten, wurde vom Wind zerrissen, davongetragen, in Fetzen zerlegt.

Dann hatte die Welle der Reiter den nackten Niemandslandstreifen erreicht. Die ersten Kugeln klatschten in die Palisadenwand. Der Ansturm kam ins Stocken. Es bildeten sich Knäuel aus steigenden, stürzenden, sich überschlagenden, fallenden, rennenden Pferden. Und in diese Knäuel fuhren Kugeln, Kugeln. Ununterbrochen.

Schwere Körper prallten gegen die Palisaden. Die Männer feuerten ihre Revolver ab. Vor dem Zaun stürzten die Sioux nieder. Viele blieben liegen, wurden von den zurücklaufenden weggeschleppt. Verwundete torkelten umher, wurden niedergemäht. Und dann peitschten aus dem Isolierblockhaus die Coltschüsse von Mike Devins Revolvern. Körper stürzten in den Hof, blieben auf den spitzen Zacken liegen. Ein Tomahawk zertrümmerte Hugh Nyes Schädel im gleichen Augenblick, als er die letzte Kugel aus seinem Revolver in den breitschultrigen großen Krieger hineinschoß, der nun wie ein Betrunkener auf Paul McCormack zuwankte.

Sieben, acht Sioux hatten die Palisaden überwunden, während die Welle zurückflutete und noch in der Flucht erneut von den Gewehrkugeln verfolgt wurde, bis sie im Gebüsch verschwanden.

Mike Devin, Tom Jameson und Jam Miller standen vor dem Blockhaus, und die Revolver an ihren Hüften spuckten Flammen. In diesem Feuer brachen die Krieger wie von Blitzen getroffen zusammen.

Das Fort stand in einer dichten, weißen Pulverwolke.

„Fleisch!" brüllte Les Brisbin, als er die toten Pferde vor der Palisade liegen sah, und mit einem wilden Sprung war er auf den Spitzen und sprang auf der anderen Seite hinunter, stürzte auf das nächste Pferd zu, warf sich zu Boden, und sein Messer säbelte einen dampfenden, roten Fetzen aus der Hinterhand des toten Tieres. Gierig schlug der Mann seine Zähne hinein.

Noch ehe Muggins Taylor schreien konnte, daß man das Tor aufmachen, daß Les zurückkommen sollte, wurde Les Brisbin von zahllosen Kugeln getroffen und förmlich gegen den Zaun geworfen.

Auf dem Hügel aber standen regungslos die vielen Frauen und Kinder und starrten mit unbewegten Gesichtern hinunter zum Fort, das aus dieser Entfernung und Höhe wie der Schlund der Hölle wirken mußte.

Die Indianer hatten sich hinter die Pferdekadaver geworfen, sie lagen hinter Steinen und Bäumen und eröffneten ein ununterbrochenes Feuer auf die Schießscharten.

Der Schneefall wurde rasch dichter. Die Gewehre der Männer im Fort schwiegen.

Muggins Taylor sah sich um.

Hugh Nye war tot. Les Brisbin lag vor dem Zaun. Viele der Männer waren verwundet und bluteten.

Paul McCormack ging mit seinem Messer von Indianer zu Indianer. Mit Nap McNash warf er sie dann, einen nach dem anderen, über den Zaun.

Während zahllose Gewehre der Sioux krachten und die Kugeln ins Holz schlugen, verbanden sich die Männer gegenseitig.

Endlich ließ das Feuer nach, und John Beidler sah, wie die Indianer den letzten Verwundeten wegschafften.

„Sie verlassen den Hügel!“ rief er Muggins Taylor zu, der aus einem Streifschuß am Kopf heftig blutete.

Muggins schaute es sich an und nickte grimmig.

„Wir haben es geschafft. Auf diese Art versuchen sie es nicht noch einmal. Unsere Lage ist jetzt etwas besser geworden. Da liegen sechs erreichbare Pferde.“

Schluckend und mit heißen Augen starrten die Männer auf das Fleisch, das so nahe vor ihnen lag. Das erste Pferd war kaum fünf Schritte vom Zaun entfernt.

„Wie hoch mögen ihre Verluste gewesen sein?“ fragte John Muggins.

„Schwer zu sagen. Bestimmt aber über fünfzig Tote. Verwundete haben sie mehr als viermal soviel.“

„Das ist Fleisch für eine Ewigkeit“, flüsterte Harris.

„Erst, wenn wir es haben“, erwiderte Muggins.

„Feuer!“ schrie Link Martin. „Sie zünden überall Feuer an!“ Im Schneetreiben war die Sonne vollkommen verschwunden. Es herrschte ein fahles Halbdunkel. Auf eine größere Entfernung als hundert Yards verwischten die dicht fliegenden Schneeflocken jede Sicht.

„Brandpfeile?“ John Beidler warf Muggins Taylor einen zweifelnden Blick zu. „Im Schneetreiben?“

„Halb so schlimm. Daraus wird natürlich nichts. Ich glaube, ich habe damals mit meinem Schuß den einzigen Mann mit Verstand erschossen. Der Angriff . . .“

„. . . wäre um ein Haar gelungen, wenn Mike und Jam und Tom nicht wie die Teufel geschossen hätten“, vollendete Paul McCormack. Er warf einen Blick auf den blutenden Revolvermann und knurrte. „Und das verdanken wir ausgerechnet einem Gentleman!“

XIV. Kapitel

Der Winter deckt die Gräber zu

„Fort Lincoln war in diesen Wintermonaten von Jubel, Freude, Musik und hellem Lachen erfüllt, denn einige der Damen des Regiments hatten aus dem Osten junge Schwestern und Freundinnen mitgebracht, für die das Prärieleben etwas erregend Neues war.

Man hatte ihnen zu Ehren eine große Baracke geräumt und in eine bunt geschmückte Tanzhalle verwandelt, wo Straußsche Musik jeden Abend nach dem Zapfenstreich in ihren süßesten Tönen erklang."

Captain Charles King in: Campaigning with Crook, 1890

Nach zwei Stunden ließ das Gewehrfeuer nach und schwieg schließlich ganz. Unvermindert dauerte der Schneefall an. Der Boden, das Land, das kleine Fort, die Männer hinter den Palisaden, Pferdekadaver, Tote, alles bedeckte sich rasch mit einer weißen Decke, die ständig wuchs. Rund um das Fort herum aber, in etwa zweihundert Yards Entfernung, glühten mehr als zwanzig kleine Feuer. Man hörte ununterbrochen Pferde traben und Holz zu Boden fallen, Hacken, Schlagen und Brechen.

„Da haben wir die Schweinerei!" fluchte Paul McCormack. „Sie haben von dem einen Angriff genug. Sie hatten uns für schwächer gehalten, als wir sind. Jetzt wissen sie Bescheid. Sie wissen auch, daß wir Fleisch haben müssen."

„Sie haben Scharfschützen postiert, die laufend abgelöst werden." Muggins zernagte die Unterlippe. „Jeder, der seine Nase aus dem Fort streckt, ist geliefert. Los, Männer, geht in die Hütten. Da kommt nichts mehr. Wir müssen uns erst mal anwärmen."

„Und wenn das eine Falle ist. Wenn sie gerade das erwarten?" meinte Ed Bolenbaugh.

„Indianer kämpfen nicht gerne im Schnee. Von uns wissen sie, daß es uns nichts ausmacht. Sie erwarten nicht, daß wir uns jetzt entfernen."

Muggins teilte sechs Wachen ein.

Mit den restlichen vier Männern ging er zum Isolierblockhaus.

Dort stand Mike Devin vor dem Lager des Spielers. Dave Poker lag besinnungslos da, grau und spitz im Gesicht.

„Schlapp gemacht?"

Mike schüttelte den Kopf und nahm die Decke von Daves Hals zurück. Dort wurde ein blutgetränkter Verband sichtbar.

„Die Roten haben nur einen einzigen Schuß hier auf den Hof abgefeuert. Und ausgerechnet der ist ihm durch die Kehle gegangen. Das war sein letztes Spiel."

John Beidler stellte sich mit seiner nassen Kleidung vor den lodernden Herdfeuerplatz.

„Hugh, Les und Dave. Eine lächerlich geringe Verlustquote im Vergleich zu den Sioux, aber", er zuckte die Schultern, „jetzt sind wir noch fünfzehn. Und John ist erst einen halben Tag weg."

„Durchgekommen ist John bestimmt", sagte Tom Jameson, „die Frage ist nur, ob er weit genug gekommen ist."

„Bestimmt. Sie haben alles, was ein Gewehr tragen

konnte, zusammengezogen. Ich glaube nicht, daß es im Umkreis von fünfzig Meilen in der Nacht eine einzige Rothaut, außer am großen Feuer und drüben am Fluß, gegeben hat. Hey, was ist mit denen am Fluß?"

Ed Bolenbaugh ging hinaus und kam wieder.

„Drei Feuer."

Mike Devin ließ sich auf seinem Bett nieder.

„Wie kommen wir an Fleisch, Gents?" Scharf blickte er John Beidler an. „Fleisch ist unsere Rettung, selbst wenn John nicht nach Billings kommen sollte."

„Dahinter wären wir nie gekommen, wenn du uns das nicht sagen würdest!" knurrte der kleine Beidler.

Als er wenig später seinen Hut auf dem Gewehrlauf über die Palisaden schob, krachten von allen Seiten Schüsse, und der Hut war kein Hut mehr.

Finster und brütend hockten die Männer in dem Blockhaus. Die Wachen wurden alle halben Stunden abgelöst. Dann kam die Nacht. Die Spitzen der Palisadenpfähle hatten hohe weiße Schneekuppen bekommen. Im Fort lag der Schnee kniehoch.

Die ganze Nacht brannten die Feuer. Als man gegen Morgen sachte das Tor öffnete, fuhr ein Kugelhagel in den Spalt, und ein Querschläger durchschlug Jesse Harris Wangen und zertrümmerte acht seiner Backenzähne.

Die Pferdekadaver waren im Schnee verschwunden. Sie bildeten nur kleine Hügel, die in der Windrichtung durch Verwehungen immer länger wurden.

„Warten wir, bis uns etwas einfällt", meinte John Beidler mürrisch, als auch dieser Versuch nicht gelungen war.

Drei Tage und drei Nächte hatte keiner der Männer bei dem Gedanken, daß draußen frisches Fleisch lag und der Hunger sie nun von Stunde zu Stunde schwächer machte, schlafen können.

Jeder hatte mindestens hundert gute Vorschläge gehabt, keiner war durchführbar. Bis dann die Männer wütend an die Schießscharten traten und begonnen hatten, ein verheerendes Dauerfeuer auf die Feuer zu eröffnen. Nach menschlichem Ermessen mußte praktisch jeder Quadratfuß von mindestens einer Kugel getroffen worden sein. Als John Beidler, mit einem großen Haken in der Hand, an dem ein doppelt geflochtener Lasso hing, das Tor öffnete, und ihn wie durch ein Wunder die mehr als zwei Dutzend Kugeln nicht trafen, sprang er zurück. Man rammte den Riegel hinein.

Knochig und hohläugig, schwach und zitternd, saßen die Männer herum. Sie lagen regungslos auf den Betten, und Muggins Taylor wußte, daß Tim Settle, Link Martin und Tom Jameson sehr bald die Nerven verlieren würden.

Jesse Harris' Gesicht war dick geschwollen und aufgedunsen. Er litt an hohem Fieber und konnte nichts mehr essen, selbst wenn es etwas gegeben hätte. Sie hatten den Spieler begraben, und am vierten Tage bekam Jesse Harris eine Blutvergiftung und starb innerhalb von zwei Stunden.

Dann kam der Augenblick, an dem Zed Daniels das Faß ausschöpfte und den letzten Kanten Brot auf den Tisch legte.

„Noch vierzehn Tage!" Das einst so mächtige Organ von Daniels war kaum noch zu verstehen. Der schwere Mann war ein sehr leichter Mann geworden.

Es gab nichts Eßbares mehr im Fort.

Wassersorgen hatten sie keine mehr. Schnee wurde geschmolzen. Das Holz war zu Ende. Sie zersägten mit großer Mühe die überflüssigen Betten und verbrannten sie. Eine Hütte war vollständig leer geworden. Also Holz hätte es genug gegeben. Aber um eine solide aneinandergebaute Blockhütte aus Zedernholz auseinanderzureißen, brauchte man Kraft. Und die hatte niemand mehr.

Am sechsten Tage nach John McCormacks Aufbruch ging der Kaffee zu Ende. Sie kochten den Leinensack aus. Das ergab eine leicht gelbgefärbte Flüssigkeit.

Jeder Mann erhielt morgens, mittags und abends einen Löffel Zucker. Paul McCormack begann alte Zeitungen zu essen.

„Geht das?“ fragte John Beidler.

„Alles geht.“

Mike Devin nickte. „Gut, aber dann gib mir keine Politikseite, ich möchte mir nicht den Magen verderben.“

Mike Devin bekam eine Anzeigenseite des „Bozeman Observers“. Hin und wieder fielen draußen Schüsse, klatschte entweder Blei in die Zäune oder jaulten Querschläger mit häßlichem Heulen in die Luft. Die Wachen waren zu träge, um zurückzuschießen. Der Schnee hatte das rettende Fleisch vor ihren Augen zugedeckt. Die Schneedecke war draußen fast hüfthoch. Man sah nur noch leichte Wölbungen, die der Wind immer flacher machte. In zwei Tagen würde alles eine glatte Fläche sein.

Jam Miller starb am siebten Tag nach John McCormacks Aufbruch, Tom Jameson bat, daß Lay Anderson für ihn beten solle. Am achten Tage war auch Tom tot.

Tag für Tag, Nacht für Nacht, Stunde um Stunde glühten draußen die Feuer. Aber dann rief John Beidler am Mittag des neunten Tages laut, und Muggins und John stolperten schwankend und torkelnd zu den Schießscharten. Die anderen blieben liegen und nahmen lediglich die Revolver in die Hand.

Ihnen war alles gleich. Sie würden Indianer, die in die Hütte kamen, erschießen, und mit der letzten Kugel sich selbst töten.

Durch den Schnee kamen von den Bergen acht Reiter mit Packpferden. Sie arbeiteten sich jedoch nur langsam voran.

„Das ist Nachschub für unsere Freunde. Jetzt geht auch ihnen das Essen aus."

Die Männer warteten, bis die Pferde nahe genug für die weittragenden Büchsen heran waren, und begannen zu schießen.

Mug rief Mike Devin.

„Ah, sieh einmal einer an! Ich bin dabei. Wir machen ihnen jeden Bissen schwer."

Den ganzen Tag versuchten die Reiter durch ein breites Wellental zu kommen. Aber da sie sich im Schnee deutlich abhoben und nur langsam vorankamen, wurde das Wagnis sehr bald zu verlustreich für sie. Von den acht Reitern, die es versucht hatten, ritten nur fünf wieder zurück. Zwei Pferde blieben liegen.

Nun versuchten die Indianer von den Feuern wegzukriechen. Das konnten sie ohne weiteres bis zum aufsteigenden Hang der Rinne. Dort nahmen sie die Männer des Forts unter Feuer.

Ed Bolenbaugh, der an einer Schießscharte lehnte und versuchte, seine Schwäche zu bekämpfen, bemerkte nach einer Weile, wie Nat McNash, der neben dem Palisadentor lehnte und schwankte und sich jedesmal mit einem müden Griff vor dem Umfallen bewahrte, plötzlich seine Gestalt straffte.

Er stellte das Gewehr an den Zaun und begann mühsam den Zaun hochzuklettern. Ed stolperte zu ihm hin.

„Was — was willst du, Nat? Komm runter!"

Nat McNash hatte die Hände nun oben und versuchte sich hochzuziehen. Aber soviel Kraft war nicht mehr in ihm. „Meinst du — ich will — so erbärmlich — vor die Hunde gehen. Hilf — mir. Ich will — raus — ich will — kämpfen . . ."

Er fiel herunter und blieb am Boden liegen.

Der starke Mann schluchzte, weil er nicht einmal mehr die Kraft hatte, kämpfend zu sterben. Ed Bolenbough schlurfte zum Blockhaus hinüber.

Dort lagen die Männer, zu Skeletten abgemagert, und rührten sich nicht.

„Bin ich dran?“ fragte John Beidler mit kaum vernehmbarer Stimme, und er richtete sich mühevoll auf, schüttelte den Kopf und konnte vor Schwäche nicht mehr sehen.

„Nein — aber Nat — liegt draußen.“

„Jeder soll liegen, wo er liegt“, murmelte Paul McCormack. Aber dann erhob er sich und ging mit Muggins Taylor hinaus. Die Luft war klar und kalt. Der Wind wehte abgerissene Astfetzen über die trockene Schneedecke.

Sie schleiften Nat McNash ins Blockhaus. Tragen konnten sie den leichten Körper nicht mehr.

In regelmäßigen Abständen feuerten die Indianer von ihren kleinen Feuern her Schüsse, und die Besatzung des Forts beantwortete sie. Dann gab es keine Feuer mehr.

Am elften Tage nach John McCormacks Aufbruch sprang Mike Devin plötzlich wie elektrisiert auf, blieb einen Augenblick stehen, schwankte, wischte und rieb sich die Augen, suchte Halt am Bettgestell und rief heiser:

„Ich hab's! Los, Aufstehen!“

„Was ist?“ fragte Muggins Taylor matt.

„Fleisch! Wir werden Fleisch haben. — Es ist ganz einfach! Wir bauen einen Schutzschild! Wir müssen einen Schutzschild bauen! Aus Stämmen! Ein Yard im Quadrat und je eine Wand seitlich!“ Vom Sprechen erschöpft hielt er inne.

Paul McCormack, der wie die anderen seinen Revolver in der Hand hielt, bis an den Hals mit Mänteln und Decken vermummt war, richtete sich langsam auf, warf das Zeug weg und stand auf.

„Was hast du gesagt?“

Auch die anderen begannen über Mikes Worte nachzudenken. Ihr Bewußtsein kehrte nur ganz langsam zu der Bedeutung dieser Worte zurück. Sie alle dachten entweder gar nichts mehr, oder vor ihren Augen gaukelten Bilder aus der Vergangenheit.

Muggins hatte es plötzlich verstanden. Und eine neue Kraft schien in seinen Körper zu strömen. Seine Schultern hoben sich, er streckte sich, und seine Bewegungen wurden schneller. Seine Augen begannen zu leuchten. Er nickte heftig mit dem Kopf.

„Wie eine Dose ohne Dach und Boden, von der man eine Seite weggenommen hat. Das ist es! ’Raus, Männer! Das ist die Chance.“

Zehn Minuten später begannen die torkelnden Männer mit Äxten und Meißeln und Stemmeisen eine Blockhütte auseinanderzureißen.

Die frierenden Sioux an den erloschenen Feuern hoben die Köpfe und riefen sich erregte Rufe zu.

Als einer von ihnen den Kopf zu weit aus der Deckung hob, fetzte ihm Ed Bolenbaughs Kugel die Kuppe seiner Kriegsfeder weg. Aus dem Fort erklang Hämmern und Schlagen, Brechen und Reißen.

„Selbst wenn John nicht durchgekommen ist — so kommen wir an das Fleisch heran“, stieß Link Martin hervor, und er begann zu schießen. Nur, um den Feuerstrahl zu sehen, den Rückschlag des schweren Gewehrs zu spüren, die Detonation zu hören, zu spüren, daß er noch da war, daß er noch kämpfte, daß er noch Kraft hatte.

Die Männer arbeiteten den ganzen Tag. Die Pausen, die sie nach wenigen Minuten Arbeit machen mußten, weil sie niedersanken, wurden immer länger.

Muggins Taylor und John McCormack und der erstaunliche Tennesseer arbeiteten wie Besessene. Dann, gegen Mitternacht, war der Schutzschild fertig.

Zwei andere hatten Seile aneinandergeknüpft.

John Beidler stieß das Tor auf. Paul McCormack schob den schweren Schild unter einem krachenden Kugelhagel hinaus. Muggins Taylor und Zed Daniels klemmten sich rechts und links neben den Scout. Aber schon nach einem Yard backte der hohe Schnee vor dem Schild zusammen, und sie kamen nicht mehr weiter.

Die Nacht war klar und hell. Die Männer an den Schießscharten schossen auf die Mündungsflammen, die Indianer auf den Schutzschild.

„Noch drei Stunden, dann besteht das Ding mehr aus Blei, als aus Holz", keuchte Paul McCormack.

Sie hatten an den drei Wänden des Schutzschildes eiserne Traghaken angebracht. Nun stemmten sie die Beine in den Boden und hoben das Ding hoch, warfen es einen Yard weiter vor sich in den Schnee.

Sie arbeiteten keuchend die ganze Nacht, den ganzen Morgen. Vom Fort her wurden sie von John Beidler dirigiert.

Dann hoben sie den Schild unter einem Kugelhagel noch einmal, und er blieb hoch auf dem Kadaver eines Pferdes liegen.

Die Kugeln der Indianer schlugen in den Pferdekörper hinein.

Die Männer warfen sich nieder, ungeachtet der Geschosse, die sich von allen Seiten in den schweren Schild hineinbohrten, und stürzten sich mit den Messern über den durch und durch gefrorenen Kadaver. Mit einer kleinen Axt hieben sie Stücke heraus, und an den mitgeführten Seilen wurde das Fleisch durch das offene Tor gezogen.

Als der Abend des vierzehnten Tages dämmerte,

standen die Männer mit den Beinen in dem Skelett des Pferdes, und aus dem Fort stieg eine große schwarze Rauchfahne in den Himmel, Schüsse dröhnten, rauhe Männerstimmen waren zu hören, die immer klarer und lauter wurden.

Die drei Männer hinter dem Schild hatten die Zähne in das eisharte Fleisch geschlagen und es geduldig, Bissen um Bissen, in der schneidenden Kälte im Munde aufgetaut. Nun, als sie riefen, daß man ihnen Feuerschutz geben sollte, während man den Schild an den Lassos, die an ihm festgemacht waren und ins Fort führten, zurückzog, stellte es sich heraus, daß ihnen die Füße erfroren waren. Sie konnten sich nicht mehr auf den Beinen halten. Sie waren zu lange in der grimmigen Kälte gewesen. Man zog mit vereinten Kräften den Schild zurück. Die drei Männer krochen auf Händen und Ellenbogen zurück. Die ganze Nacht. Dann schwand zuerst Muggins Taylor das Bewußtsein, und bevor Paul McCormack sich am eisigen Boden, knapp einen Yard vor dem Tor, auf dem Boden ausstreckte, flüsterte er: „Du — bist — doch ein — ganz verdammter Bursche — du, Gentle — man!“

Die Männer im Fort hatten reichlich Fleisch. Die unerwartete, kräftige Nahrung verursachte bei allen schwere Krämpfe und blutigen Durchfall.

Sie hatten Muggins und Paul McCormack stundenlang die Füße mit Schnee eingerieben, und am fünfzehnten Tage sah es aus, als ob ihre Füße wieder langsam durchblutet würden.

Am sechzehnten Tage sah man, wie sich die Sioux, Mann für Mann, unter dem Feuer einiger Zurückbleibender, zurückzogen. Endlich meldete Ed Bolenbough mit einem wilden Schrei:

„Sie sind weg! — Sie sind weg! — Jungen, sie sind weg!“

Am 28. Februar 1876 begann der rauhe Cowboy Dick Davids, der gerade Wache hatte und durch eine Schießscharte nach Westen blickte, plötzlich haltlos zu schluchzen.

Am weißen Horizont tauchte eine lange Reihe Reiter auf, die sich rasch näherte. Diese lange Reihe ritt in Zweierreihen und vier Abteilungen. Jede Abteilung hatte einen flatternden spitzen Kavalleriewimpel, der deutlich zu sehen war.

„Sie kommen“, murmelte der Cowboy erstickt, „Sie kommen. Gerettet!“ Dann wirbelte er herum und begann zu schreien und zu brüllen. Er tanzte und schoß seine Revolver ab, er stürzte zu Boden, wälzte sich im Schnee.

„Sie kommen! — Die Armee kommt! Diese verdammte wundervolle Armee kommt!“

Die Männer stürzten aus dem Blockhaus. Sie sahen kaum noch menschlich aus. Sie rissen das Tor auf, sie sahen die Truppe, sie fielen sich um den Hals, sie sanken nieder, sie schossen ihre Colts in die Luft ab, und sie schrien und brüllten wild durcheinander.

Nat McNash hieb vor Freude Karl Snyder die Faust unters Kinn. Mike Devin reckte sich von seinem Lager hoch und starrte durch die Schießscharte. Lay Anderson kam mit zerfetzter Kleidung zu ihm hineingerannt.

„Erzähle es mir! Wie sieht es aus? Wie viele sind es?“ rief der Revolvermann, der keine Füße mehr hatte. Seine Füße waren schwarz. Bald würden die Zehen abfallen, als wären sie aus Porzellan. „Ist ein Doktor dabei?“

„Alles. Ich habe durchs Glas geschaut. John McCormack reitet vorne. Es sind die Wimpel der 2. Kavallerie!“

Als die ersten uniformierten Reiter durch das Tor ritten, taumelten ihnen die erschöpften Männer entgegen.

Adjutant William P. Clark von der 2. Kavallerie, ausgesandt von General Terry mit dem Befehl, so scharf wie möglich zu marschieren, trug in sein Tagebuch ein:

„Fort Pease, 3. März 1876:

Nach sechstägigem Marsch erreichten wir das Fort. Der Anblick, der sich mir bot, war das Grauenhafteste, was ich jemals gesehen habe. Elf Männer, die mehr Ähnlichkeit mit Gespenstern hatten, taumelten uns entgegen. Männer, die ich als die härtesten des Westens kennengelernt hatte, weinten wie kleine Kinder. Sie hatten zerrissene Kleidung an, ihr Haupthaar war handlang, die Bärte verwildert. Einer, ein Mann aus Tennessee, lag da und hatte beide Füße erfroren. Muggins Taylor war ein Ohr abgefallen. Und diese Männer hielten ihre Waffen in den Händen. Muggins Taylor, dieser unglaubliche Mann, salutierte und machte die Meldung:

‚Major, die Besatzung von Handelsfort Pease, zehn Mann kampffähig, einer krank, stehen zu Ihrer Verfügung.‘ Major Brisbin nickte schweigend, und Doktor Perkinson amputierte dem Mann aus Tennessee sofort beide Füße. Er hatte zwei Tage lang zu tun, die Wunden der Männer zu versorgen. Sie waren alle mit eiternden Schußverletzungen bedeckt, und außer Paul McCormack und Muggins Taylor hatten sie alle die Blutruhr. Ich fand große Fleischstücke, von denen noch nicht einmal das Fell entfernt war. Die Männer hatten das Fleisch teilweise samt der Haut und roh gegessen.

Ich fand Gräber und die Habseligkeiten der Toten, sehr säuberlich geordnet, die eines jeden Mannes in kleine Säcke verpackt, mit Namensschildern und kurzen Berichten daran, wie sie den Tod gefunden haben. Wir werden heute den Rückmarsch antreten. Sir, die Männer von Fort Pease haben den Wunsch ausgesprochen, daß an dieser Stelle kein Schiffslandeplatz erbaut werden möge und daß an dieser Stelle keine Stadt entstehen und kein Armeefort gebaut werden möge. Sie möchten, daß Fort Pease, genau so wie es jetzt ist, der Natur überlassen bleiben soll.“

Epilog

„Das ganze geheime Unternehmen ‚Fort Pease', das verzweifelte Sterben der Abenteurer, nach denen in ganz Amerika kein Hahn krähte — war vergeblich gewesen: ohne strategischen Nutzen, ohne wirtschaftlichen Sinn, ohne jeglichen spekulativen Publikationswert. Das Fort wurde im März 1876 verlassen, nur die flatternde Fahne blieb zurück. Zunächst wollte man das Fort unbeschädigt zurücklassen, aber später ging das Gerücht um, einer der Überlebenden sei heimlich zurückgekehrt und habe einen Brand gelegt, ohne daß jedoch die Blockhäuser und Palisaden dem Feuer zum Opfer gefallen wären. Für viele Jahre war ‚Old Fort Pease' eine bekannte Landmarke in dieser Region, bis die Wildnis schließlich alles überwucherte und ‚Pease Bottoms' das wurde, was es heute ist: . . . noch nicht einmal mehr eine Erinnerung."

E. A. Brinnistol in: Story of Old Fort Pease, 1953

Während noch Präsident Ulysses S. Grant im Wahlkampf um die neue Präsidentschaft zwischen Rutherford Birchard Hayes und William A. Wheeler versicherte, daß die sogenannten „freien Siouxstämme" niemals gezwungen würden, die Reservationen der bereits eingepferchten Reservats-Siouxstämme aufzusuchen, hatte General Alfred Terry eben diesen Sioux bereits den 1. Januar 1876 als ‚Termin-Todeslinien' genannt.

Bis zum ersten Tage des Januars erhielten mit diesem illegalen Ultimatum der Armee die Siouxstämme Gelegenheit, sich in den Reservationen zu melden und niederzulassen und alles Gebiet, das 1868 garantiert worden war, freizugeben.

Der General wußte, daß dieser Termin von den Indianern, selbst wenn sie es gewollt hätten, wegen der extremen Kälte — der Winter 1875 war einer der schlimmsten der Geschichte — nicht einzuhalten war.

Als Sitting Bull, der Weise und Seher der Sioux-Nation, den Kurier und die Botschaft empfing, daß „General Terry mit Truppen kommen werde, um sich um die Sioux zu kümmern“, wenn sie nicht pünktlich in der Reservation einträfen, antwortete Sitting Bull: „Sie brauchen niemand mitzubringen, General. Sie werden mich leicht finden. Wir laufen nicht weg.“

Prompt am 2. Januar 1876 setzte sich die schwerfällige Todesmaschinerie der US-Armee in Bewegung:

Brigadier General Alfred H. Terry bereitete in Fort Abraham Lincoln ein Gatling-Gun-(Maschinengewehr-) Regiment, ein Infanterieregiment und das 7. Kavallerieregiment für den Marsch nach Westen vor.

General John Gibbon begann in Fort Ellis die Regimenter der 2. Kavallerie, 4., 7., 9. und 14. Infanterie auszurüsten und zu sammeln.

General George Crook bereitete in Fort Fetterman die 3. Kavallerie und die 6. Infanterie für den Marsch nach Norden vor.

Colonel Ronald S. Mackenzie zog am Fuße der Rocky Mountains die Truppen der 4. Kavallerie zusammen, General Merritt im Süden die 5. Kavallerie und General Miles im Südosten die 5. Infanterie und 22. Infanterie.

Die Amerikaner in den Oststaaten hatten noch den Jubel der Jahrhundertfeier der Unabhängigkeitserklärung in den Ohren, der Innenminister freute sich öffentlich über

den in der Prärie eingekehrten Frieden und das Wohlverhalten der Siouxstämme, im Landwirtschaftsministerium brütete man über Plänen, wie den Reiterstämmen die Lust am Ackerbau und an der Viehzucht beigebracht werden könne — da rollten von allen Himmelsrichtungen her schon die Nachschubwagenkolonnen der Armee auf die Pulverflußregion zu, bliesen Trompeter zum großen Sammeln, putzten Feldärzte ihre chirurgischen Bestecke, frischten sie die Ambulanzwagen mit Verbandzeug und Medizinen auf.

Der große Aufmarsch vollzog sich unter dem Schweigen des weiten und frostklirrenden Himmels über der Prärie. Nur die Indianerkommissare in den Reservationen merkten sehr bald, daß der Oberkommandierende, General Sherman, insgeheim die letzte Seite im Geschichtsbuch des nordamerikanischen Indianers aufgeblättert hatte. Im Südosten der Black Hills kamen die Indianer, die bereits Reservationen akzeptiert hatten, weil sie müde gekämpft waren, in Bewegung. Indianer wie Agenten wußten, daß die US-Armee große Truppenteile nicht ohne Grund bewegte. Das Ultimatum General Terrys, unerfüllbar für die „freien Sioux", bedeutete Ausrottung. Es gab auch in den Reservationen keinen roten Mann mehr, der einem Weißen auch nur ein Wort glaubte. Deshalb entschlossen sich die in der Red Cloud Agency und der Spotted Tail Agency konzentrierten Indianer, Kampf und Untergang dem Hungertode in den Reservationen vorzuziehen. Andere Reservationen schlossen sich noch während des Winters an, und die Indianerkommissare sahen mit geballten Fäusten zu, wie ihre hochdotierten Staatsposten von Woche zu Woche überflüssiger wurden:

Aus der Red Cloud Agency machten sich 9100 Oglalla-Sioux und 3700 Cheyennes und Arapahoes auf den Weg zum letzten Gefecht. Die Spotted Tail Agency wurde von 8400 Brulé-Sioux und 1200 Minneconjous verlassen. Von der Cheyenne River Agency brachen 7600 Two Kettles, Sans Arcs, Minneconjou- und Blackfeet-Sioux auf. In der Standing Rock Agency bereiteten sich 7300 Indianer, davon 4200 Yanktons, der Rest Hunkpapas und Blackfeets, auf den Abmarsch vor. In der Fort Peck Agency standen 4000 Tetons, Yanktons und Sissetons und 2000 Assiniboines bereit. 3000 Black Tigers, Long-Sioux, Shooters, Tatkannais, White Eagles und Yellow Livers hatten sich bereits am Powder River unter Crazy Horse und Sitting Bull versammelt.

Aber der strenge Winter paralysierte Indianer und Soldaten mit Temperaturen zwischen 40 und 50 Grad unter Null.

Erst nach dem Einsetzen des Tauwetters kam wieder Bewegung in den beiderseitigen Aufmarsch. Den Siouxstämmen gesellten sich Shoshonen, Krähen und Cheyennes zu — General Sherman kratzte alles, was er an Reserven im fernen Westen, Süden und Norden zur Verfügung hatte, zusammen. Immer enger schloß sich der Ring um die Indianer nördlich des Platte Rivers.

Die erste Schlacht am Rosebud zwischen General Crooks Truppe und Sitting Bulls Streitmacht, die noch vom großen Medizintanz (Sonnentanz) geschwächt war, begann am 17. Juni 1876 um 8 Uhr am Morgen und endete am gleichen Tage um 14.30 Uhr damit, daß sich beide Armeen wieder zurückzogen. Crook verlor 57 Tote und gewann nur 13 Sioux-Skalps. Das war das Ergebnis einer neuen, bis dahin völlig unbekannten und unerwarteten Strategie der Indianer: Zum erstenmal in ihrer Geschichte kämpften sie nach einem von Häuptlingen vereinbarten Massenangriffsplan, zum erstenmal behielt ein Oberhäuptling, nämlich Sitting Bull, als Oberkommandierender die Übersicht und richteten sich die einzelnen Angreifergruppen nach ihren Häuptlingen. Es war für

General Crook, den sieggewohnten Strategen der Indianerkriege, eine Niederlage, für die Indianer eine Erkenntnis, die 100 Jahre zu spät kam und ihr Schicksal nicht mehr wenden konnte.

Am 26. Juni 1876 griff Oberstleutnant George Armstrong Custer am Little-Big-Horn-Fluß, nur wenige Meilen von Handelsfort Pease entfernt, die Sioux an. Er wurde mitsamt seiner Truppe der 7. Kavallerie bis auf den letzten Mann niedergemacht.

Der routinierte Indianerkämpfer Custer hatte eine militärische Aktion vollbracht, die er selbst in seinen Memoiren als „das Selbstmörderischste, was man nur tun kann", bezeichnet hatte, nämlich mit einer unterlegenen Truppe einen überlegenen Gegner auf einem deckungslosen Hügel anzugreifen. Allerdings schreibt Custer auch in seinen Memoiren, daß eine solche Aktion durchaus dann zu rechtfertigen, ja sogar zu empfehlen sei, wenn Reserveverbände nur wenige Meilen in Bereitschaft ständen und somit das Ganze eine Falle für den Gegner darstelle. Und solche Verbände standen sehr zahlreich, sehr gut bewaffnet, durchaus in Bereitstellung, nur — sie kamen ihm nicht zu Hilfe.

Das vollständigste Massaker von US-Soldaten in der Geschichte der Armee, so wie Custer es noch wenige Monate vorher in New York prophezeit hatte, war geschehen. Zeitungskorrespondenten berichteten über schrecklich zugerichtete Leichen amerikanischer Helden, Zeichner malten Horrorszenen auf wandgroße Leinwände, die Nation zwischen Atlantik und Pazifik hallte wider vom Schrei äußerster Entrüstung, und die bis dahin im öffentlichen Zwielicht stehenden Generäle sahen alle Augen Amerikas zornig und hoffnungsfroh auf sich gerichtet. Es wurde kein Wort mehr von Frieden gesprochen, kein lebender Indianer war mehr ein guter

Indianer. Noch während sich nach dem Massaker Kommissionen auf dem Schlachtfeld ablösten, Knochen gesammelt, identifiziert, katalogisiert wurden, verbanden sich Terry und Crook, aber sie fanden keine Sioux.

Nur ein Teil von Crooks Truppe stellte und vernichtete bei Slim Buttes den Siouxhäuptling American Horse und seine Gefolgschaft, und im November 1876 zerstörte Colonel Ranald S. Mackenzie das Dorf der nördlichen Cheyennes und Dull Knife. General Nelson A. Miles konnte 5 Häuptlinge und 2000 Sioux nach einer zweitägigen Verfolgungsjagd dazu bewegen, aufzugeben und in die Reservation zurückzukehren, und der neue Winter verurteilte die US-Truppen zur Rückkehr in die Fortquartiere.

Dennoch gelang es General Miles, im Januar 1877 Crazy Horses Truppe am Tongue River im kniehohen Schnee aufzustöbern und zu überraschen und sie in einem atemberaubenden Verfolgungskrieg und mit schwerer, unter Wagenplanen verborgener Artillerie von einem Lager zum anderen zu jagen und schließlich zur Aufgabe zu zwingen. Im Sommer 1877 war der Großteil des Aufstandes niedergeworfen, der bis in die Seele hinein erschöpfte Rest der Indianer in die Reservationen zurückgekehrt.

Nur Sitting Bull war es mit einer kleinen Gruppe gelungen, die Grenze nach Kanada zu überqueren. Vier Jahre später kehrte er auf der Suche nach jagdbarem Wild und Waffen zurück in die USA, wo Miles von seiner Lauerstellung in Fort Keogh aus durch Späher jede seiner Bewegungen beobachtete und ihn schließlich stellte und in Fort Buford zur Kapitulation zwang.

Der Yellowstone River war inzwischen längst für die Schiffahrt erschlossen, die Northern-Pacific-Bahn bis nach Oregon hinein gebaut, das Gold in den Schwarzen Bergen bis auf den letzten Krümel aus der Erde gekratzt worden. Es hatte keinen Finanzskandal gegeben, keinen Konkurs, keine betrogenen Aktionäre.

Und die Armee errichtete auf dem Custerhügel am Little Big Horn einen Obelisk — und an jedem zehnten Jahrestag trafen sich an dieser nationalen Weihestätte die überlebenden Indianer und US-Veteranen des letzten großen Krieges und tauschten Geschenke — und es wurden von Feier zu Feier weniger Zeitgenossen — und immer ältere Zeitgenossen —, und in den Haushalten häuften sich die Bücher über Custer, dokumentarische Berichte und Sachbücher, Romane, Storys, Geschichten und Comics. Filme wurden gedreht, Bilder gemalt, Reliquien in Gold und Silber eingefaßt, Patronenhülsen und Sporen, Stiefel und Säbel, Federschmuck und Skalpmesser von der Schlacht gesammelt.

Von einem gescheiterten Geheimauftrag wußte niemand etwas. Am 19. August 1917 starb in Tennessee ein alter vergessener Mann im Armenhaus, den man nie anders als ohne Füße gekannt hatte. Die Totengräber legten auf den Sarg ein Stück Büffelhaut. Darauf waren folgende Inschriften schwarz eingebrannt:

1875/1876 SELBST GOTT HAT IN DIESEM WINTER GEFROREN!

NAP MATTIS	—	TOD DURCH INDIANER
IVE, DER SIBIRIER	—	TOD DURCH INDIANER
JOHN MCCORMACK	—	LEBT
PAUL MCCORMACK	—	LEBT
JACK COWLES	—	TOD DURCH INDIANER
MUGGINS TAYLOR	—	LEBT
JOHN X BEIDLER	—	LEBT
DAVID POKERFACE	—	TOD DURCH INDIANER
LES BRISBIN	—	TOD DURCH INDIANER
FRENCHY	—	TOD DURCH INDIANER
JAM MILLER	—	TOD DURCH CHOLERA

NAT MCNASH	—	LEBT
ZED DANIELS	—	LEBT
HUGH NYE	—	TOD DURCH INDIANER
JOE KING	—	TOD DURCH CHOLERA
LAY ANDERSON	—	LEBT
ED BOLENBAUGH	—	LEBT
BOB COMLODE	—	IM DUELL ERSCHOSSEN
PETE SAVAGE	—	TOD DURCH CHOLERA
BEN SMITH	—	TOD DURCH INDIANER
DICK DAVIDS	—	LEBT
TOM JAMESON	—	TOD DURCH CHOLERA
LINK MARTIN	—	LEBT
LEE BUCKLAND	—	TOD DURCH INDIANER
DON PERKINS	—	TOD DURCH CHOLERA
TIM SETTLE	—	LEBT
KARL SNYDER	—	LEBT
JESSE HARRIS	—	TOD DURCH INDIANER
JACK LAKE	—	TOD DURCH INDIANER

MICHAEL SONNERTON DEVIN-TUSSAINT, SOHN DES HENRY PATRICK ANGUS DEVIN UND DER PHOEBE ANNE TUSSAINT — DAS LEBEN IST EIN HALSBAND, DAS MIT JEDEM JAHR ENGER WIRD!

BIBLIOGRAPHIE

Literatur:
H. H. Hart: Old Forts of the North-West
E. A. Brinnistol: The Story of Old Fort Pease
Helen Jackson: The Sioux, 1881
H. F. Sanders: X. Beidler: Vigilante, 1874
Nancy-Anne St. John: Diary of a Redlight Shadow, 1889
Mari Sandoz: These were the Sioux
J. P. Dunn: Massacre of the Mountains
Henry J. Kuykendahl: Frontier Doctor, 1893
James L. Logan: The Morphology of the Historical Westerner, 1901
Alexander Ross: The Hunters of the West, 1855
John J. Finerty: War Path and Bivouac, 1890
W. T. Hamilton: Four Traders, 1862
Charles King: Campaigning with Crook, 1890
George A. Custer: My Life on the Plains, „The Galaxy", 1872
Hiram M. Chittenden: Early Steamboat Navigation on the Missouri
L. C. Hunter: Steamboats on the Western Rivers
W. F. Reynolds: Report on the Exploration of the Yellowstone, 1868
H. A. Hill: Seventeenth Annual Report of the Boston Board of Trade, 1874
J. P. Boyd: The Life of General W. T. Sherman, 1891
R. J. Dodge: Our Wild Indians, 1884
L. D. A. Ingersoll: A History of the War Department of the U. S. A., 1880
L. F. Schmeckebier: The Office of Indian Affairs, 1927
T. A. Bland: A Brief History of the Military Invasion of the Sioux-Country
W. O. Clough: Fort Russel and Fort Laramie Peace Commission in 1867
F. M. Hans: The Great Sioux Nation, 1907
Gordon McGregor: Warriors Without Weapons, 1946
J. L. Millicuddy: Who is to Blame for Massacres?, 1869
T. K. Steinbach: That's the Indian Side of the Story, 1870
H. T. Nichols: The Northern Pacific Railroad Ends at Bismark, 1874
J. A. Hudson: The Railways and the Republic, 1886
Gustavus Myers: History of Great American Fortunes, 1899
Frank H. Spearman: The Strategy of Great Railroads, 1904

Dokumente:
Annual Report of the Secretary of War, 1866–1883
Annual Report of the Secretary of the Interior, 1868–1869
„Protection Across the Continent", House Exec. Doc. No. 23 (Serial 1288)

Zeitungen:
Cheyenne Daily Leader (1870–1878) — Bismark Tribune (1873–1888) — Benton Record (1874–1878) — Avant-Courrier, Bozeman (1868–1876) — The Mountain Post, Virginia City (1869–1876) — New North West Deer Lodge (1871–1891) — Yankton Press (1867–1882).